多维度视角下
汉语语法教育教学探究

黄庆丰◎著

图书在版编目（CIP）数据

多维度视角下汉语语法教育教学探究 / 黄庆丰著
. -- 北京 : 中国书籍出版社 , 2023.12

ISBN 978-7-5068-9666-5

Ⅰ . ①多… Ⅱ . ①黄… Ⅲ . ①汉语—语法—对外汉语教学—教学研究 Ⅳ . ① H195.3

中国国家版本馆 CIP 数据核字 (2023) 第 229020 号

多维度视角下汉语语法教育教学探究

黄庆丰　著

图书策划　成晓春
责任编辑　毕　磊
封面设计　博健文化
责任印制　孙马飞　马　芝
出版发行　中国书籍出版社
地　　址　北京市丰台区三路居路 97 号（邮编：100073）
电　　话　（010）52257143（总编室）（010）52257140（发行部）
电子邮箱　eo@chinabp. com. cn
经　　销　全国新华书店
印　　刷　天津和萱印刷有限公司
开　　本　710 毫米 ×1000 毫米　1/ 16
字　　数　195 千字
印　　张　12
版　　次　2024 年 1 月第 1 版
印　　次　2024 年 1 月第 1 次印刷
书　　号　ISBN 978-7-5068-9666-5
定　　价　72.00 元

前言

随着国际上学习汉语的热潮持续升温，许多国家和地区都急需补充汉语教师，尤其需要补充业务基础较好、教学经验丰富的汉语教师。我国现有的对外汉语教师的数量远远不能满足客观需要，而且新教师们也需要通过各种形式的培训来提高业务素质。

汉语作为第二语言教学虽然已经发展成为一门专门的学科，也逐渐形成了自己的学科理论体系，但还是有一些有影响力的人士对汉语作为第二语言教学的性质和特点缺乏基本的认识，“只要会说汉语就能教外国人学汉语”的观念仍然普遍存在，这一情况严重地限制了汉语教师业务素质的提高。应当看到，汉语作为第二语言教学的质量并不能令人满意，甚至有可能出现下降的趋势，对此要引起足够的重视。有人这样评论汉语作为第二语言教学的现状：学汉语的人很多，学得好的人却很少；教汉语的人很多，教得好的人却很少。这话是否全面，本人不敢断言，但至少可以作为警示。有一点可以肯定：教得好一定是学得好的前提条件之一。

本书第一章为汉语语法概述，以期读者能够对汉语语法有基础的认知，主要从三个方面进行阐述，分别是汉语语法及其特点、汉语语法体系、语法教学的意义与目的。本书第二章介绍语法单位以及语法成分。本书第三章介绍语法教学的原则，主要从五个方面进行阐述，分别是语法点确定的原则、语法点编排的原则、语法点讲解的原则、语法点课堂练习的原则、语法点课后练习的原则。本书第四章介绍语法教学的方法与技巧，主要从四个方面进行阐述，分别是语法点导入的方法与技巧、语法点讲解的方法与技巧、语法点练习的方法与技巧、语法点课外练习的形式。本书第五章介绍基于“三一语法”的汉语语法教学，主要从四个方面进行阐述，分别是基于“三一语法”的趋向补语教学、基于“三一语法”的三组同义副词教学、基于“三一语法”的“从X到Y”句式教学、基于“三一语法”的预设比字句教学。本书第六章介绍国际中文教育语法教学，主要从四个方面进行阐述，分别是教学对象与语法教学、对英语母语者的汉语语法教学、对俄语母语者的汉语语法教学、对西语母语者的汉语语法教学。

在撰写本书的过程中，作者参考了大量的学术文献，得到了许多专家学者的帮助，在此表示真诚感谢。本书写作力争内容系统全面，论述条理清晰、深入浅出，但由于作者水平有限，书中难免有疏漏之处，希望广大同行及时指正。

黄庆丰

2023年6月

目录

第一章　汉语语法概述

本章概述汉语语法，以期读者能够对汉语语法有基础的认知，主要从三个方面进行阐述，分别是汉语语法及其特点、汉语语法体系、语法教学的意义与目的。

第一节　汉语语法及其特点

有些汉语母语者说汉语没有语法，汉语缺乏某某语法手段，等等，这些看法其实是对语法的概念和对汉语语法的误解。在他们看来，只有像印欧语系语言的那种词的形态变化才是语法。为此，我们首先要弄清楚什么是语法，什么是汉语语法，汉语语法有什么特点。

与汉语母语者不同，非汉语母语者不认为汉语没有语法，而是觉得汉语语法变化莫测，一个助词“了”就弄得他们晕头转向。为此，我们也必须向汉语学习者说清楚汉语语法的特点。在此基础上，向他们讲清楚各种汉语语法规则，尤其是比较特殊的语法规则。

一、语法的概念

所谓语法，对一般人来说，就是说话的规则，而话的基本单位是句子，所以语法就是造句的规则，而句子是用词和短语（词组）造出的，所以词和短语也是按照一定规则构成的。因此，完整地说，语法就是构词的规则和组词造句的规则。在很多种语言中，词在构成短语和造句的时候还要发生性、数、格、人称、时态等形态变化，对于这些语言来说，语法还包括词的变化规则。汉语的词没有形态变化，因此汉语语法就是构词的规则和组词造句的规则。其中，构词的规则通常叫作“词法”，而组词造句的规则通常叫作“句法”。

研究语法的学科叫作“语法学”，但也常简称为“语法”。为了与“语法学”相区别，语法学界也常把“语法”称为“语法规则”。

二、汉语语法的特点

从古代汉语发展到现代汉语，汉语语法一直在发展变化着，语法手段不断丰富、完善。汉语作为汉藏语系的代表性语言，与其他语系的语言在语法上有着或大或小的差异，这些差异充分体现了汉语语法的特点。目前在世界上影响比较大的是印欧语系的语言，所以一般在探讨汉语语法的特点时，都是将汉语与印欧语系的语言进行对比，尤其是与印欧语系的代表性语言英语进行对比。这里我们也不例外。下面我们说说汉语语法的特点。

（一）主要用虚词和语序表示不同的语法意义

在印欧语系的语言中，常常通过词的形态变化来表示不同的语法意义，如动词加不同的后缀表示不同的时态，名词通过加或不加后缀表示单数和复数，代词有主格、宾格和领格等不同的形式，等等，而汉语不通过词的形态变化表示不同的语法意义。那么，汉语是通过什么语法手段来表示不同的语法意义呢？正如学者们指出的那样，汉语主要用虚词和语序来表示不同的语法意义。

1. 用不同的虚词表示不同的语法意义

所谓虚词，指的是用来表示某种语法意义、辅助其他词语组词造句的词，主要有介词、连词、助词、语气词。虚词的语法功能就是表示某种语法意义。

每一种语言中都有虚词，汉语由于不用词的形态变化表示不同的语法意义，所以虚词使用得更多，虚词也更丰富，尤其是语气词。下面我们先来看一些用不同的语气词表示不同语法意义的例子：

①吃饭！

这个句子没有使用任何语气词，是一个语气比较强硬或比较随意的命令句。

②吃饭了！

这个句子在句末加上了语气词“了”，是一个语气比较柔和的命令句。

③吃饭啊!

这个句子在句末加上了语气词“啊”，是用催促的语气要求对方吃饭，属于催促句，是祈使句的一种。

④吃饭吧!

这个句子在句末加上了语气词“吧”，是用商量的语气要求对方吃饭，属于商量句，也是祈使句中的一种。

⑤吃饭吗?

这个句子在句末加上了语气词“吗”，问对方是否要吃饭。

⑥吃饭呢。

这个句子在句末加上了语气词“呢”，表示正在吃饭。

再如:

⑦是他吗?

⑧是他吧?

⑨是他呀。

以上三例是在短语“是他”的后面分别加上不同的语气词，构成不同的句子，表示不同的意思：加上“吗”，表示询问那个人是不是他；加上“吧”，表示推测那个人是他；加上“呀”，表示知道了那个人是谁，解除了疑惑。

⑩你太善良。

⑪你太善良了。

这里前一句句末没有使用语气词，整个句子的意思是“你”的善良超过了应该有的程度，是对“你”善良的程度的否定。后一句句末加上了语气词“了”，整个句子的意思是没想到“你”这么善良，是对“你”善良的程度的赞扬。

我们再看几个用不同的动态助词表示不同语法意义的例子：

⑫ A：这本书你看过吗?　　B：看过。

A：什么时候看的?　　B：去年看的。

A：看了多长时间?　　B：看了三个多月。

在上面的这段对话中，动词“看”的后面分别加了动态助词“过”“的”“了”。动态助词“过”用来表示有做某事的经历，这里在“看”的后面加上“过”，表示有看“这本书”的经历。动态助词“的”表示动作行为已经发生，在询问或陈述已经发生的动作行为的主体、动作行为发生的时间、动作行为发生的处所、动作行为的工具、动作行为的方式等的时候使用。这里B已经看了“这本书”，A询问他看“这本书”的时间，所以在“看”的后面加了助词“的”。动态助词“了”也表示动作行为已经发生，但与动态助词“的”的使用范围不同，它是在陈述或询问过去发生的动作行为时使用，在陈述或询问过去发生的动作行为持续的时间量时也使用。这里A询问B看“这本书”花费的时间量，故所以在“看”的后面加了助词“了”。

以上是用不同的虚词来表示不同语法意义的例子。

需要指出的是，由于汉语虚词数量众多并表示多种语法意义，因而对于汉语学习者来说，掌握起来有一定难度。另外，汉语中还有大量的语气副词（40种左右），虽然汉语语法学界把语气副词看成一种实词，其实语气副词的性质和虚词差不多，一般没有具体的词汇意义，只用来表示某种语气，如“你可别忘了”中的“可”以及“你就听我的吧”中的“就”等。用不同的语气副词表示不同的语气，这也是汉语的一种语法手段。由于汉语语气副词的种类多、语法意义复杂，故对于汉语学习者来说，也不太容易掌握。

2. 用不同的语序表示不同的语法意义

所谓语序，简单地说，就是句子成分的排列顺序。汉语和其他语言一样，都有特定的语序，所不同的是，汉语常通过语序的变化来表示不同的语法意义。下面我们来看看用不同的语序表示不同语法意义的例子：

①他父亲死了。

②他死了父亲。

这里前一句是普通的主谓句，主语是“他父亲”，整个句子用来表示“他父亲”发生的变化（死了）。后一句是一个特殊的主谓句，它的谓语部分采取的是主谓倒置语序，整个句子通过“他父亲”发生的变化来表示“他”的变化（成了没有父亲的人）。我们把这种主谓倒置句称为“变化句”。

③传说沉船那晚，狂风暴雨，一个农民失踪了。

④就在十余日前，桥霜村可不像现在这么太平，连着三天，失踪了三个小孩。

例③中的“一个农民失踪了”是一个普通的主谓句，用来表示一个农民的变化（失踪了）。例④中的“失踪了三个小孩”是一个特殊的主谓句，采用的是主谓倒置语序，用来表示桥霜村所发生的事件（三个小孩失踪了的事件）。我们把这种主谓倒置句称为“事件句”。

⑤一只鹰在天上飞着。

⑥天上飞着一只鹰。

这里前一句是一个普通的主谓句，陈述的是“一只鹰”正在做的事（在天上飞着），后一句是一个特殊的主谓句，采用的是主谓倒置语序（句首的“天上”是处所状语），整个句子用来表示天上有一只飞着的鹰。这种主谓倒置句属于存在句的一种。

⑦人来了。

⑧来人了。

这里前一句是一个普通的主谓句，用来报告“人”到来的消息，后一句是一个特殊的主谓句，采用的是主谓倒置语序，用来报告有人到来的消息。这两个句子的区别主要是“人”所指不同。前一句的主语“人”放在谓语动词前，代表的已知要来的人，是正在等待中的人，属于已知信息；后一句的主语“人”放在谓语动词后，代表的是不认识的人，属于未知信息。

（二）汉语的词没有形态变化

汉语语法与英语等语言的语法还有一个很大区别，就是汉语的名词、代词、动词等没有表示数（如单数、复数）、人称（如第一人称、第二人称、第三人称）、时态（如过去时、现在时、将来时等）、格（如主格、宾格、领格）等语法意义的形态变化。例如：

①他吃了两个苹果：一个红苹果，一个黄苹果。

这里的名词“苹果”没有发生数的变化。汉语的名词都没有数的变化。

②过去，我爱她，她也爱我；现在，我还爱她，她也还爱我。

这里作宾语的人称代词“我”和“她”都不发生格的变化，动词“爱”也不发生时态变化，也不随着主语的人称变化而变化。

值得注意的是，由于汉语不是通过词的形态变化表示不同的语法意义，因此有人说，汉语的词“缺乏形态变化”。这种说法是错误的。实际上，不是汉语的词缺乏形态变化，而是汉语不需要通过词的形态变化来表示各种语法意义，汉语是通过自己特有的语法手段来表示印欧语系语言。不能把不需要形态变化说成“缺乏形态变化”。同时，由于汉语的词不发生形态变化，汉语的词也就没有形态标记，有人把汉语的词没有形态标记也说成“缺乏形态标记”，这种说法同样是错误的。

（三）充当多种句法成分

所谓句法成分，指的是短语和句子的构成成分，主要有主语、谓语、宾语、定语、状语、补语等。在英语等印欧语系的语言中，同一种句法成分大体由同一类词充当，如主语和宾语由名词充当，谓语由动词充当，定语主要由形容词充当，状语由副词充当，等等。而汉语中，同一种句法成分往往可以由多类词充当。如主语和宾语不但可以由名词充当，还可以由动词和形容词充当；定语不但可以由形容词充当，还可以由名词、动词充当；状语不但可以由副词充当，还可以由形容词和动词充当。换一个角度说，汉语中的一类词往往可以充当多种句法成分。例如：

①跑步是一种很好的运动。

这里动词“跑步”作主语。

②我喜欢跑步。

这里动词“跑步”作宾语。

③早晨跑步的人很多。

这里动词“跑步”作定语。

④跑步前进！

这里动词“跑步”作状语。

在英语中，与汉语动词“跑步”相当的动词是“run”，“run”要加上后缀“-ing”变成动名词才能作主语、宾语、定语，而且英语中动词不能作状语，只能用副词作状语。再如：

⑤他高兴地说：“我成功了。”

这里形容词“高兴”作状语。在英语中，与汉语动词“高兴”意义相当的动词是“happy”，可以作定语，不可以作状语，作状语需要使用由形容词“happy”派生出的副词“happily”。

（四）量词丰富

汉语的量词比印欧语系语言的丰富，主要是个体量词丰富和动量词丰富。

1. 个体量词丰富

不像英语，汉语在表示个体事物的数量时，要在个体名词前直接加上数词，同时还要根据个体事物的外部形态等在数词后加上适当的量词，如“一个人、一只狗、一条鱼、一头猪、一个橙子、一张桌子、一本书、一棵树、一根头发、一块砖、一篇文章”等。有的汉语个体量词甚至还能表示某种感情色彩，如“位”能表示对人尊敬的语气，当我们说“一个客人”的时候，没有附加的语气；当我们说“一位客人”的时候，表示对该客人的尊敬。

2. 动量词丰富

动量词就是表示动作行为、变化等发生的次数的量词。汉语的动量词也比英语丰富，汉语不但有专用动量词，还有借用动量词，随着动作行为、变化的特点、工具等不同，所用的量词也不同。汉语专用动量词有“次”“回”“趟”“遍”“顿”“阵”“场”“下”等，如“看一次电影”（书面语）“看一回电影”（口语），“去一趟商场”（强调停留的时间短），“听一遍录音”（强调从头到尾的完整过程）“吃一顿饭”（强调时间长度大体固定，并且不太长）“下了一阵雨”（强调持续的时间短）“下了一场雨”（强调持续的时间比较长）“点一下头”（表示做一次所需时间比较短的动作的次数），等等。汉语的借用动量词是借用动作行为的器官或肢体、工具、对象的名称以及动作行为动词本身形成的量词，如“看一眼”“打一拳”“打一枪”“转一圈”“看一看”“走一走”，等等。英语中没有借用动量词，专用动量词也只有三个——“once”（一次）、“twice”（两次）、“times”（三次以上），这三个动量词的作用其实等于一个，而且不区分动作行为的特点、工具等。

（五）语气词丰富

前面我们指出，汉语语法的特点之一是通过虚词和语序表示不同的语法意义。在汉语虚词中，有一类是语气词，如“啊、吧、呢、了、的、嘛”等，而一个语气词能表示多种语气，其中语气词“了”能表示十多种语气，一个“了”就等于十多个语气词。从一个语气词能表示多种语气的角度看，汉语的语气词实际上有几十个。英语中几乎没有语气词，如果将汉语翻译成英语，汉语语气词所表示的各种语法意义需要通过其他语法手段来表达，有的甚至很难表达。例如：

例：你汉语说得太好了。

这个句子一方面表示赞扬对方汉语说得好，另一方面还表示没想到对方汉语说得这么好的意思，整个句子带有一种出乎意料的语气，这种出乎意料的语气是通过语气词“了”表示出来的。如果用英语准确地翻译这个汉语句子，恐怕得需要用两个句子。

以上我们举例说明了汉语语法的五个主要特点。

第二节　汉语语法体系

语法体系指的是语法学体系。语法是客观存在的，任何一种语言都有自己的语法，但语法不是明摆着的，而是体现在人们日常所使用的词语和所造的句子中的，是需要人们分析、归纳和概括的。而由于不同研究者的认识不同，研究的角度不同、方法不同、目的不同，就会产生不同的语法体系，不同的语法体系对同一种语法现象的看法有时会有所不同。

一、教学语法和专家语法

根据研究的目的、方法和内容的不同，我们可以把语法体系分为教学语法和专家语法两大类。

（一）教学语法

教学语法也叫“学校语法”“规范语法”，隶属于教学语言学（Pedagogical Linguistics），研究的是基本的语法事实，强调各种语法单位的语法功能，不对各种语法事实做理论上的分析和阐述。教学语法的目的是使学习者提高使用语言的能力，或者教会学习者掌握某种语言。因此，教学语法注重应用，力求简明、科学地揭示和客观地描述语法事实。教学语法方面的代表著作有黎锦熙的《新著国语文法》、张志公的《语法和语法教学》、庄文中的《中学教学语法和语法教学》等。另外，刘月华等的《实用现代汉语语法》的语法体系也属于教学语法体系。还有几部倾向于对外汉语教学的语法专著所用的语法体系也属于教学语法体系，如陆庆和的《实用对外汉语教学语法》等。另外，各种常见的对外汉语教材和《现代汉语》教材的语法部分所采用的也都是教学语法体系，只是有的《现代汉语》教材吸收了部分理论语法的研究成果，如黄伯荣、廖序东主编的《现代汉语》就是如此。

由于教学语法只是客观地说明汉语语法规则，而不解释这些语法规则的理据（所依据的道理），学习者只是知其然而不知其所以然，这对于非汉语母语者学习汉语来说不太有利。例如，一般汉语教材只是告诉汉语学习者，汉语动词重叠能表示“时间短”“尝试”等语法意义，如“让我看看”“你说说”等，但不说明为什么动词重叠能表示这些语法意义，于是有些汉语学习者根据汉语形容词重叠能表示“程度大”的意义进行类推，如“高高”“瘦瘦”等，用汉语动词重叠来表示动作行为持续的时间长或发生的次数多，如：“我到处找找，没找到。”另外，教学语法体系中对一些汉语语法手段的分析也不够合理，把这样的分析结果教给汉语学习者，也不利于他们正确地理解和使用这种语法手段。例如，教学语法体系把多种不同的句式都看作“主谓谓语句”，而事实上有些并非主谓谓语句。下面是“主谓谓语句”的例子：

晕船的药我吃了。（晕船的药呢？晕船的药怎么样？）

我吃晕船的药了。（你做什么了？你怎么样？）

“晕船的药我吃了”是一个主谓谓语句，将它的语法意义与普通主谓句“我吃晕船的药了”进行对比，前者强调的是“晕船的药”（应该说成“晕船药”）的下落或对它的评价，后者强调的是“我”做了什么或“我”的状态。而事实上，“晕船的药我吃了”不仅可以回答“晕船的药呢”（晕船的药在哪里），还可以回答“晕船的药你吃了吗”的问题。显然二者的根本区别并不是一个回答“晕船的药”下落的问题，一个回答“你做了什么”的问题。在 2012 年出版的《新实用汉语课本》的《教师用书》中也列举了另外两种说法：“有的语法书上解释为宾语前置，即为了强调宾语或者宾语比较复杂时，将宾语分别提前到‘小主语’或‘大主语’的位置。也有的语法书把第三类句子分析为话题（‘晕船的药’）和说明（‘你吃了没有’）。”[①] 这两种说法都与该教材所采用的教学语法体系的说法不同，但都更为合理，而这两种说法属于“专家语法”体系。

（二）专家语法

专家语法又称“研究语法”“科学语法”，隶属于理论语言学（Theoretical Linguistics）。专家语法的研究目的是建立一种科学的语法体系。语法学家根据自己的观点、认识和方法，从语言学的角度，对某种语言的语法结构进行描写、分析，揭示这种语言的结构规律，解释某种语法现象的成因，或是对语法研究中的原则、方法问题进行分析、探讨，常常提出或借鉴一些新观点、新理论、新方法。专家语法又可以分为描写语法和理论语法。

1. 描写语法

描写语法是对一种语言的语法事实如实地进行描写，就是记录一种语言在一定历史阶段的结构、状态，反映该语言在这一阶段使用的实际情况和特点。这种语法学主张全面、详尽、客观地描写研究一个个虚词、一个个短语格式和句子格式，尽可能做到穷尽，不做正误、好坏的评论，也不考虑重点、难易、规范、可接受性等教学方面的因素。描写语法的代表著作主要有赵元任的《汉语口语语法》、徐思益的《描写语法学初探》。还有词典式的描写语法著作，如吕叔湘主编的《现代汉语八百词》，孟琮等编的《动词用法词典》，郑怀德、孟庆海编的《形容词用法词典》等等。

2. 理论语法

理论语法常常结合某种具体语言的语法现象，着重从理论上阐述一种语言的语法规律，或是对语法研究中的原则、方法等问题进行分析、探讨。理论语法的代表著作主要有：何容的《中国文法论》，王力的《中国语法理论》，高名凯的《汉语语法论》，胡附、文炼的《现代汉语语法探索》，高名凯的《语法理论》，吕叔湘的《汉语语法分析问题》，朱德熙的《现代汉语语法研究》和《语法讲义》，吕叔湘等的《语法研究入门》，沈阳的《现代汉语空语类研究》，范晓、张豫峰等的《语法理论纲要》，陆俭明的《现代汉语语法研究教程》，等等。

---

① 刘珣．新实用汉语课本 5 教师手册 [M]. 北京：北京语言大学出版社，2006.

理论语法研究要以描写语法的研究为基础，没有描写语法的研究成果，理论语法的研究就无法进行。

二、教学语法与专家语法的关系

教学语法体系和专家语法体系都是对汉语语法的研究，通常二者不会截然不同，但毕竟二者的研究目的不同，所以二者之间有时会有很大区别。

如前所述，教学语法的研究目的是让学习者提高语言使用的能力，而专家语法的研究目的是要揭示人类语言的结构规律，解释某种语法现象的成因，因此可以不考虑学习者的因素。专家语法中的理论语法可以不断地探索新的语法研究理论，用新的语法理论来研究语法现象。不过，在我国语法学界，尚没有产生真正属于我国学者自己创立的语法理论，都是在借用西方语言学家所创立的新的语法理论来分析和解释汉语语法现象，这些新的语法理论主要有结构主义语法、转换生成语法、格语法、系统功能语法、认知语法、构式语法等（前三者属于形式主义语法学派，后三者属于功能主义语法学派）。这些新的语法理论往往理论性太强，大都不适合应用到语法教学中去，转换生成语法的建立者乔姆斯基就曾明确地说过，他的理论不适用于教学，而作为教学语法的传统语法很适合于教学使用。况且这些新的语法理论都是西方语言学家根据西方语言创立的，而西方语言的语法与汉语语法差异很大，如果不加选择、不加改造地把这些新语法理论套用到汉语语法的研究中，难免犯削足适履、刻舟求剑之类的错误。不过，这些语法学说中的一些具有实用价值的研究成果可以借鉴到教学语法中去，而教学语法中所遇到的疑难问题有时也需要专家应用某些理论去解决。

第三节　语法教学的意义与目的

一、语法教学的意义

（一）语法的有限性和创造性

语法是对语言规律的描述，是一套组词造句的规则。任何语言都可以生成无限多的句子，但用于生成句子的规则却是有限的。语法能够帮助学习者在学习语音、词汇的同时尽快掌握组词造句、连句成篇的能力，使之学会举一反三。比如教“如何表示比较”时，如果不教语法，只是一个句子一个句子地教给学生：“姚明比成龙高”“我的英语比你的汉语好”，那么学生就只会教过的内容，没教过的句子就不会表达了。相反，如果告诉学生汉语表示比较的基本格式是“A 比 B + 形容词”，那么除了老师教过的句子外，学生还能类推和创造出“我比他高”“他比我胖”等许许多多的新句子，从而大大提高教学的效率。

另外，任何语言从“外表”来看都像是一堆庞大的、无形的东西，对学习者来说是不可逾越的挑战，而由于语法明显是由一套有限的规则组成，它可以帮助教师和学生减轻语言学习任务。通过把语言整理和组织成有条理的类别，语法学家让语言成为能被消化吸收的东西。人类更善于学习看上去比较系统化的事物，而不善于学习看上去杂乱无章的事物。

（二）不同教学法中语法的地位

人类外语教育史上出现过许多不同类型的外语教学法流派，对以下两个基本问题的回答可以对其加以区分：

①应该教语法吗？

②语法需要明确讲解吗？

以下是几种主要的外语教学法流派对这些问题的回答。

语法翻译法：把语法作为教学的起点，遵循一个语法大纲，课程开始于一条语法规则的清晰讲解，然后作母语和目的语的互译练习。

直接法：直接用外语讲练外语，不用翻译，也不做语法分析，主张像儿童习得母语一样自然习得外语，因此也叫自然法。

听说法：继承了直接法重视口语教学的理念，以结构主义语言学和行为主义心理学为理论基础，主张先听后说，经过反复操练形成正确的语言习惯。虽然它反对语法教学，但是听说法以句型为中心，通过对比语言结构确定教学难点，通过语言结构的替换、扩展和转换操练句型的原则其实仍然源于语法，与语法直接相关。

交际语言教学法：以培养学生用目的语进行交际的能力为目标，主张学外语是为了交际，应该在交际中学习外语。但是交际语言教学法（至少是弱式交际法）

并不完全反对语法教学。事实上，语法仍然是交际法课程大纲的主要内容，尽管被冠以功能的标签，如“问路”“点菜”等。其对语法规则明确的关注也还是与交际实践相符合的，毕竟英国语言学家威尔金斯（Wilkins）也说过：“对一种语言的语法体系的习得，依然是语言学习的重要环节。语法是获得语言运用创造性的手段，缺乏语法知识会严重影响交际能力。”①

任务型教学法：是一种强式的交际法，主张模拟人们在社会、学校生活中运用语言所从事的各类活动，把语言教学与学习者在今后日常生活中的语言应用结合起来，在完成任务中学会语言。任务型教学法既反对以语法为基础的教学大纲，也反对语法教学。但是近年来，任务型教学法通过认可聚焦形式（focus on form）活动的价值已经开始接纳语法。

综上，不难看出，尽管对语法教学的意义和作用存在一些争议，但大多数二语教学流派还是承认语法教学的地位的。甚至可以说，在相当长的时间里，语法教学一直是二语教学的核心。只是对于如何讲解语法上，不同的流派可能存在分歧，比如语法翻译法用语法术语明确地介绍语法规则，这被称作显性（explicit）语法教学；有的教学法通过对语言交际性运用归纳出语言规则，在进行交际活动过程中处理出现的语法问题，如交际法和任务型教学法，这被称作隐性（implicit）语法教学。

（三）语法对语言习得的促进作用

虽然已有不少研究证明语法教学不能改变习得的顺序，但许多研究者证实语法教学能加快第二语言习得的速度，提交达到的成功度。接受课堂语法教学的学习者比那些没有接受课堂教学的学习者学得更快，最终达到的目的语水平也更高。即便从课堂中学到的第二语言知识不能马上应用于自然谈话，但只要学习者有机会在这种交际中使用第二语言，学到的知识很快会变成可用的知识。

（四）案例分析

【案例导入】

张老师作为国家汉办志愿者被派往澳大利亚一所高中教汉语。到达新学校后，张老师开始准备新学期要上的课程。在备课过程中，有一个问题让她纠结了很久：

① 刘玉屏．汉语作为第二语言语法教学 [M]. 北京：中央民族大学出版社，2017.

到底要不要教语法？根据她自己学习外语的经历，她觉得学语法很枯燥乏味，担心教语法会让学生失去学汉语的兴趣，而且现在流行的交际教学法和任务型教学法似乎也不强调语法的教学。另外，她又隐隐觉得学习语法很有必要。不能全然舍弃。那么，究竟要不要学语法呢？语法教学的意义在哪？

【案例分析】

对于在第二语言教学中要不要教语法的问题，无论是从语法的特性还是历史上不同语言教学法中语法的地位抑或是语法教学在促进二语习得中的作用都表明对这一问题的回答应该是肯定的。尤其是对成人的教学，语法教学更是必不可少。语言教师要考虑的不是要不要教语法，而应该是如何教语法。

语法教学对不同的人有不同的含义。它可能只意味着按一个语法教学大纲进行教学，但在课堂上根本不提语法。另一方面，它也可能指的是按交际大纲或功能、任务大纲教学，但在进行交际活动中处理出现的语法问题，更典型的是按语法大纲进行教学，并使用术语明确地介绍语法规则，究竟以何种方式教语法应该针对具体的教学对象而定，比如对成年人可能适合明确地介绍语法规则，而对青少年可能在交际中处理语法问题更为合适。

二、语法教学的目的

（一）语言能力与语言运用

语言能力（language competence）和语言运用（language performance）是乔姆斯基区分的一组概念。前者指语言使用者所具有的知识，它是由这种语言的语法规则所规定的。后者指的是语言使用者在实际语境中的言语行为或话语。根据乔姆斯基的观点，语言能力是对语言系统的一种抽象的掌握。“语言运用”只不过是“语言能力”的实际表现，而且往往是不十分理想的表现。因此，语言的研究重点应放在语言能力而不是语言运用上。[①]

（二）交际能力

乔姆斯基关于语言能力和语言运用的区分遭到了美国社会语言学家海姆斯的反对，他认为一个人的“语言能力”不仅仅指其能否造出合乎语法规则的句子，

① 林允清．乔姆斯基普遍语法批判 [M]. 北京：北京时代华文书局，2020.

还应看其能否得体地使用语言的能力。他提出"交际能力"的概念，与乔姆斯基的"语言能力"直接对立。海姆斯认为，乔氏的"语言能力"只包括了语言规则，而抛弃了"语言运用"的社会规则，而后者恰恰是作为社会现象的语言交际功能的重要特征。根据他的观点，"语言能力"是指学习者在特定的环境中所具有的运用语言顺利与人进行交际、沟通的能力。他曾经写道："一个发音正常的孩子所获得的关于句子的知识，不仅是判断合乎不合乎语法，而且还有判断是否得体的一方面。什么时候说什么话，什么时候不该说，说的时候说什么，对谁说，什么时候、什么场合、什么方式说，这些也都是一个孩子所获得的语言能力。"①他提出的交际能力既包括语言能力，又包括语言运用，即一个人的交际能力不但包括获得有关语言规则的知识，而且包括在实际的语言环境和社会交往中适当使用语言的能力。

此后，海姆斯的学说得到进一步发展和完善，其中把交际能力分为四个方面：语法能力（grammatical competence）、社会语言能力（socio-linguistie competence）、语篇能力（discourse competence）和策略能力（strategie compelence）。②语法能力指句子层次的语法形式，能够识别语言的词汇、句法和语音特点，正确理解和使用这些规则组词造句。社会语言能力指语言使用的社会文化规则，即交际中言语行为的得体表达，如对交际背景、目的、常规、参与者等因素的合理考虑。语篇能力是指对独立的信息成分之间的相互关系的理解力，以及对篇章结构中语篇意义表达上的理解力。策略能力指在语言交际中如何开篇、结束、进行、修正和重新进行语言交流的能力，包括改写、委婉语、重复、停顿、猜测、避免使用特定的字词、结构或主题、改变风格，修改信息等。

（三）合乎语法性和可接受性

合乎语法性属于语言能力研究的概念，可接受性则是属于语言运用的研究范畴。语言能力与语言运用之间存在着一定的差别，我们绝不可把两个概念混为一谈。衡量一个人的话语是否是可接受的，不仅仅是以其合乎语法性为准绳的，而更多取决于语言运用方面的因素。合乎语法的句子不一定都是可接受的，如"无

---

① 陆方哲，张未然，马晓娟．国际汉语语法教学 [M]. 武汉：武汉大学出版社，2017.

② 胡宝菊．新时期高校英语口语教学研究 [M]. 长春：吉林出版集团股份有限公司，2021.

色的绿色想法疯狂地睡觉”。这句话虽合乎语法，却是不可接受的，因为它所表达的意思在语义结构上是不能成立的。相反，不合乎语法的句子也不见得都是不可接受的，如口语中经常出现省略了诸多语法成分的句子。合乎语法性和可接受性各有一个程度问题，而且它们之间的程度关系有时是不成正比的。换言之，语法性程度高的句子在可接受性程度上不一定都是高的；相反，语法性程度低的句子有时在可接受性程度上却是高的。

（四）案例分析

【案例导入】

李老师在教学中十分重视语法教学，他教语法特别注重规则的讲解与练习。比如教主谓谓语句时，他先给学生分析这种句子的结构形式是“大主语＋谓语（小主语＋小谓语）”，然后给出许多例子，如“他汉语很好”“北京人很多”“这本书我看完了”等。接着让学生做替换练习生成新的句子。最后通过组词成句（如给出“性格、他、很好”这几个词让学生排序）检验学生是否学会了主谓谓语句。然而，他发现尽管学生的练习都做得很好，但在实际生活中除了“他头疼”“我肚子疼”等最简单的主谓谓语句之外，一般不会在别的场合再使用这种句子，也不知道该在什么情况下用。他一直觉得教语法只要让学生掌握正确的语法规则从而造出合乎语法的句子就可以了。但现在学生明白规则也能造出正确的句子，却不知道如何使用，这让他十分困惑，他也在反思是不是自己的观念和方法错了？

【案例分析】

本案例中，李老师的问题就在于只重视学生语言能力的训练而忽视了交际能力的培养，语法教学的目的不应该只是为了掌握语法规则，更应该是培养和提高学生的语言交际能力。语言交际能力不仅包括语法知识，还包括何时对何人以何种方式说什么的语言得体性。这就要求在教语法时还要向学生说明该语法使用的情景和功能。通常情况下，汉语的主谓谓语句一般不是只有一个主谓词组做谓语，而常常是两个、三个甚至更多的主谓词组同时作谓语，这些主谓词组从多个角度、不同方面对前面的大主语分别加以描述和说明，即大主语为一个总话题，多个主谓词组则是对总话题的分述，这样的用法占全部主谓谓语句的大部分，比如：

（1）她个子高高的，眼睛大大的，身材非常标致。

（2）现在的中关村再也不是以前的“中官村”了，这里经济发达，交通便利，环境优美，吸引了很多国内外的投资者。

针对这种情况，学生学会了主谓谓语句的基本结构后，教师应阐明这种句型的主要使用情景（多个主谓词组连续使用）和使用功能（对总话题的描写和说明），以便学生掌握该在什么条件下使用主谓谓语句。具体教学思路如下：

形象直观地引入、展示主谓谓语结构的基本结构形式和语义模式。具体做法是：第一步展示图片，如拿出北京的图片，引出话题——北京；第二步针对图片提问，引导分述：北京人多不多？马路宽不宽？公共汽车挤不挤？东西贵不贵？你喜欢北京吗？第三步回答问题构成语段：北京人很多，马路很宽，公共汽车很挤，东西很便宜，我很喜欢北京。

第二章　语法单位及语法成分

从汉语的角度说，语法是构词的规则和组词造句的规则。词是由词素构成的，因而词素是最小的一级语法单位。词是用来造句的最基本的语法单位，不过，只有在极少的情况下，一个词加上一个语调就能构成一个句子，更多的情况下，词与词要组成短语之后，再加上一定的语调构成一个句子，所以词是比短语小的一级语法单位，而短语是比句子小的一级语法单位。句子是表达思想感情的基本语言单位，也是最大一级的语法单位。按照从小到大的顺序排列，汉语的语法单位有四级：词素、词、短语、句子。我们研究汉语语法，就是研究词素构成词的规则、词构成短语的规则、词和短语构成句子的规则。

要研究词素构成词、词构成短语、词和短语构成句子的规则，我们还需要分析词（合成词）、短语和句子（多词句）的构成成分在表示意义上的作用。词（合成词）、短语和句子（多词句）的构成成分就是语法成分。一般把句子的构成成分称为“句子成分”。而由于短语加上一定的语调就成为句子，因而句子（多词句）的构成规则其实就是短语的构成规则，所以汉语语法学界习惯上把短语的构成规则和句子的构成规则统称为“句法”，把短语的构成成分和句子的构成成分统称为“句法成分”。句法成分有主语、谓语、宾语、定语、状语、补语和中心语（包括定语中心语和状语中心语）等。在这些句法成分中，句子成分只有主语和谓语两种。在很多情况下，句子的主语和谓语是由各种结构的短语充当的，如主谓短语、动宾短语、偏正短语、中补短语等等，充当主语和谓语的短语中的宾语、定语、状语、补语和中心语等就是主语和谓语的构成成分，也就是句子成分的构成成分。当然，由于主谓短语也可以充当主语和谓语，所以主语和谓语有时也是句子成分（主语和谓语）的构成成分。

本章主要介绍语法单位以及语法成分。

第一节　语法单位

如前所述，汉语语法单位有四级，即词素、词、短语、句子，其中词素是用来构词的，词和词组是用来造句的。下面我们分别说明这四种语法单位。

一、词素

词素是词的构成成分。一般汉语语法著作和汉语教材都把词素叫作“语素”。“语素”这个概念太模糊，所以我们使用“词素”这个概念。

既然词素是词的构成成分，从理论上讲，应该先有词素，后有词，但从汉语发展史来看并非如此。最早的汉语词是单纯词，只有一个构成成分，如“天、地、人、大、小、上、下”等，是直接通过一定的声音与一定的意义相结合的方式造成的，而不是由词素合成的。直到2500年前的周代，汉语中的词绝大多数词还都是单纯词，只有少量的合成词，是由两个单纯词作词素构成的，如“天灾、地震、小人、大人、上帝、天下”等。不过，从共时（同一个历史时期）的角度看，既然合成词是由两个词素构成的词，就可以说单纯词就是由一个词素构成的词。

二、词

词是造句的时候能够独立运用的最小的语法单位。词与词可以组成短语，短语在造句的时候也像词一样可以独立运用，但它不是最小的语法单位。

有的词是由一个词素构成的，如“天、地、大、小、走、跑”等，这样的词是单纯词；有的词是由两个词素合成的，如“天下、地下、大人、小孩、走步、跑步”等，这样的词是合成词。最初人们用两个单纯词作词素构成合成词，后来也用合成词和短语作词素构成合成词，如“跑步机”中的前一个词素“跑步”是合成词，“写字台”中的前一个词素“写字”是短语。

三、短语

短语也叫词组，是由词与词按照一定规则组合成的语法单位，同时，由词与短语、短语与短语按照一定规则组合成的语法单位也属于短语。

由词与词组合成的短语是简单短语，如“看书”“好书”等，由词与短语、短语与短语组合成的短语是复杂短语，如“看·一本书”“认真地·看一本书”“一本·好书”等。值得注意的是，一个短语不管怎么复杂，都是由两部分构成的，如“怀着一丝希望·去找朋友打听消息”，有的汉语教材把它切分为“动·动·动·动”四段[①]，这种做法不太合适，不能帮助人们有效地了解这个短语的构成方式。

四、句子

句子是由词或短语构成的具有特定语调、可以表达一个相对完整意思的语法单位。由于词只是事物的语音符号，本身不能表达完整的意思，故必须通过一定手段构成句子，它才能表达完整的思想。如“好”这个词，加上陈述语调，说成“好。”才能表示同意对方的要求；加上感叹语调，说成“好！”才能表示对对方表演等的赞叹。由一个词加上一定的语调构成的句子是独词句，是最简单的句子。独词句由于构成成分太少，在很多情况下难以表达复杂的思想，所以人们在用语言表达思想的时候，更多的时候是用两个或两个以上的词组成多词句，如：“这个主意好。”

除了真正的独词句，所有的句子都是由两部分构成的。为了表达更复杂的思想，人们还经常将两个或两个以上的句子按照一定的逻辑关系，组合成更大的句子，这种由两个或两个以上的句子组成的更大句子叫“复句”，作为一个复句的组成部分的句子叫“分句”。

第二节　语法成分

语法成分是按照意义关系从语法单位中划分出的结构成分。如前所述，汉语的语法单位有四级，即词素、词、词组、句子，其中合成词素（由合成词和短语充当的词素）、合成词、短语和句子（多词句）都可以按照意义关系分割为两个语法成分。由于汉语合成词都是按照短语的构成方式构成的，而句子（多词句）

① 黄伯荣，廖序东．现代汉语 增订五版 下册 [M]．北京：高等教育出版社，2011.

又是由短语加上语调构成的，因而只要划分出短语的语法成分，进而分析出短语的构成规则，就可以分析合成词和句子的构成规则。

由于句子（多词句）本质上是由短语加上语调形成的，所以汉语语法学界把短语的语法成分和句子的语法成分统称为“句法成分”，以区别于词的语法成分（词素）。短语成分的种类比句子成分的种类多，句子成分只有主语和谓语两种，而短语成分除了主语和谓语以外，还有宾语、定语、状语、补语、中心语等。下面我们分别加以说明。

一、主语和谓语

在短语或句子中，用来表示陈述对象的句法成分就是主语，对主语进行陈述的句法成分就是谓语。简单地说，主语是被陈述的句法成分，谓语是对主语进行陈述的句法成分。这里所谓“陈述”，只是一种概括的说法，其中包括叙述、说明、描写、判断等。

（一）充当主语的词语

主语是短语或句子中谓语的陈述对象。主语所表示的大都是人或事物，由代表人或事物名称的名词或名词性短语（合称为“名词性词语”）和代词充当。有时主语所表示的是由动作行为、变化等构成的活动或事情，这种主语由动词或动词性短语（合称为“动词性词语”）充当。有时主语所表示的是具有某种突出的性质或状态的事物，这种主语由形容词或形容词性短语（合称为“形容词性词语”）充当。下面我们分别举例加以说明。

1. 名词性词语

作主语是名词性词语的主要功能之一。在句子或短语中，也常用代词代替名词性词语，这种代词的语法功能与名词相同。在汉语教学语法中，有一套通用的句法成分符号系统，它是用双竖线‖把句子的主语和谓语两部分隔开，然后用双下划线表示主语或主语中心词，用单下划线表示谓语或谓语中心词，用波浪线表示宾语或宾语中心词，用圆括号（）表示定语，用方括号［］或六角括号〔〕表示状语，用尖括号＜＞表示补语。例如：

①大为‖到中国留学去了。

②孔子‖是中国古代著名的教育家和思想家。

以上二例是名词作主语的例子。

③我们的老师‖水平都很高。

④这件事‖很重要。

以上二例是名词性短语作主语的例子。

⑤我‖来了。

⑥他‖上班了。

⑦这‖是一个好机会。

⑧那‖是不可能的。

以上四例是代词作主语的例子。

2. 动词性词语

动词性词语的主要功能是作谓语或谓语中心，对人或事物的动作行为、变化等进行叙述，而在汉语中，动词性词语也经常充当主语。动词性词语作主语时，表示的是由动作行为、变化等的过程构成的活动或事情，或者是体现为某种动作行为的处事方法（做法）等。谓语中心有两种：一种是作谓语的动词性短语中的动词，如“我看书”中的动词“看”，“我买了一本书”中的动词“买”，“我天天跑步”中的动词“跑步”，“他跑得很快”中的“跑”；一种是作谓语的形容词性短语中的形容词，如“他非常聪明”中的形容词“聪明”，“他聪明极了”中的形容词“聪明”。由动词充当的谓语中心也叫“谓语动词”。例如：

①跑步‖是我最喜欢的运动。

这里“跑步”指的是由跑步的行为构成的活动，是一种身体运动的名称，而不是指跑步的动作行为，与“他在跑步”等句子中的“跑步”意义不同。

②游泳‖是一种体育运动。

这里“游泳”指的是“游泳”这种活动。

③结婚‖是人生中的一件大事。

这里主语“结婚”指的是“结婚”这种事情。

④对我来说，学习汉语‖是一种乐趣。

这里“学习汉语”是一个动词性短语，指的是“学习汉语”这种事情。

⑤尊老爱幼‖是中华民族的传统美德。

这里“尊老爱幼（尊敬老人，爱护小孩儿）”是由两个动宾短语并列成的短语，指“尊老爱幼”的做法。

⑥死‖是不能解决问题的。你勇敢一点！

这里“死”指的是通过“死”来解决问题的做法。

⑦饭后吃水果‖是错误的。应饭前吃水果。

这里“饭后吃水果”指的是“饭后吃水果”的做法。

⑧打人‖是不对的。

这里“打人”指的是“打人”的做法。

需要指出的是，在汉语中，动词性词语作主语时，并没有变成名词性词语，它只是用来表示名词性的意义，所以作主语的动词性词语仍然保持着动词的用法，如果需要的话，前面可以加状语，后面可以加补语。例如，例①的主语“跑步”前可以加上时间状语（如“晚上走步”“早上走步”等），后面还可以加上时间补语（如“跑步一个小时”等）；例④的主语“学习汉语”前可以加上方式状语（如“努力学习汉语”）。

当作主语的动词性短语比较长的时候，常常用代词复指（回指）它。例如：

⑨贷款买房子，这‖是花明天的钱，实现今天的梦。

在这个句子中，“贷款买房子”是主语，但由于它比较长，并且独立性强，与谓语之间的关系不够明确，于是说话者在后面用代词“这”复指它，表明它是句子的主语。

3. 形容词性词语

在汉语中，形容词性词语的主要功能是作定语或谓语，用来表示人或事物的性质、状态等，有时也作主语，用来表示具有某种性质、状态的事物。例如：

①虚心‖使人进步。

这里“虚心”指的是虚心的为人处事态度。

②勤俭‖是我们的传家宝。

这里“勤俭”指的是勤俭的劳动和生活态度。

③瘦‖比胖好。

这里“瘦”指的是瘦的身体状态。

④随着生活水平的提高，身体肥胖‖逐渐成为困扰人们的一大社会问题。

这里“身体肥胖”指的是身体肥胖的状态。

需要指出的是，在汉语中，形容词性词语作主语时，并没有变成名词性词语，它只是表示名词性的意义，所以作主语的形容词性词语中的形容词仍然保持着形容词的用法，如果需要的话，前面可以加主语、状语，后面可以加补语。例①如，例的主语“虚心”前可以加程度状语（如“非常虚心”）；例③的主语“瘦”前可以加程度状语，后面可以加程度补语（如“稍微瘦一点”）；例④的主语中心“肥胖”前可以加程度状语（如“非常肥胖”）。

4. 数词或数量短语

数词或数量短语是用来表示人或事物的数量的，人或事物的数量本身不能成为陈述的对象，所以数词或数量短语一般不用来作主语。但是，有时数词可以用来表示数目的名称，便具有了名词性的意义，可以作主语。而数量短语一般作定语，与它的中心语一起构成名词性短语，可以作主语，有时中心语省略，主语中只剩下数量短语，看起来像是数量短语做主语。例如：

①五‖等于二加三。

这里数词“五”作主语，它的意思是“五”这个数目，表示的是一个数目的名称。

②一个‖就够了。

这里看起来像是数量短语“一个”作主语，而实际上“一个”只能表示人或事物的数量，并不能表示人或事物本身，所以它的后面实际上省略了“人”“苹果”之类的中心语，所以“一个”并不是真正的主语，而是主语的一部分。

（二）充当谓语的词语

如前所述，谓语是句子或短语中对主语进行叙述、说明、描写、判断等的句法成分，而要对主语进行叙述、说明、描写、判断等，需要使用动词性词语和形容词性词语，所以谓语一般由动词性词语和形容词性词语充当。下面我们分别举例加以说明。

1. 动词性词语

谓语的主要功能之一是叙述主语的动作行为、发展变化等，这些内容通常需要由动词性词语来叙述。对主语进行判断，也是谓语的主要功能之一，这通常需要由判断动词（主要是“是”）加宾语来完成。例如：

①他‖走了。

②雨‖停了。

以上二例中的谓语是由动词充当的。

③他‖写了一本书。

④我‖写作业了。

以上二例中的谓语是由动宾短语充当的。

⑤我们‖［上午九点］上课。

⑥他‖［经常］迟到。

⑦他‖［在图书馆］看书呢。

⑧他‖［用签字笔］写字。

以上四例中的谓语是由动词性的状中短语充当的。另外，例⑦和例⑧的中心语是动宾短语。

⑨我‖来＜晚＞了。

⑩他‖站＜起来＞了。

以上二例中的谓语是由动词性的中补短语充当的。

有一种谓语是用来对主语所表示的人或事物的属性（包括身份、性质、状态等）进行判断的，通常由判断词“是”加上名词性词语充当。判断词“是”可以看成动词，它后面的成分可以看成它的宾语。例如：

⑪他‖是老师。

⑫地球‖是圆的。

以上二例的谓语是判断谓语，这种句子是判断句。

2. 形容词性词语

汉语可以直接用形容词性词语作谓语，对主语的性质、状态进行说明或描写。例如：

①他‖聪明。

②她的腿‖长。

以上二例用性质形容词作谓语，对主语的性质、状态进行说明。

③她的皮肤‖雪白。

④湖水‖绿油油的。

以上二例用状态形容词作谓语，对主语的状态进行描写。例④谓语中的“的”是描写助词。

⑤他‖［非常］聪明。

⑥她的腿‖［很］长。

以上二例用形容词性的状中短语作谓语。

⑦他‖聪明得<很>。

⑧他‖聪明<极了>。

以上二例用形容词性的中补短语作谓语。

⑨她‖腿长。

⑩他‖眼睛大。

以上二例用形容词性的主谓短语作谓语。用主谓短语作谓语，这也是汉语语法的一个特点。

3. 名词性词语

如前所述，谓语是句子或短语中对主语进行叙述、说明、描写、判断等的句法成分。一般说来，名词性词语不能单独对人或事物进行叙述、说明、描写、判断等，所以汉语中一般不单独使用名词性词语对主语进行叙述、说明、描写、判断等。但是在某些情况下，由于谓语中与名词性词语连用的动词省略，谓语中只剩下名词性词语，看起来像是名词性词语作谓语，这种情况通常发生在判断句中。

现代汉语的判断句要使用判断动词，但当主语与宾语的关系明确时，判断动词有时省略，谓语中只剩下名词性词语。例如：

①今天‖星期一。

这个句子等于说：今天是星期一。谓语中省略了判断词“是”。

②明天‖端午节。

这个句子等于说：明天是端午节。谓语中省略了判断词“是”。

以上是时间名词作判断谓语的例子。

另外，有时为了避免重复，将判断句的主语承前省略，同时也将判断词“是”省略，谓语中只剩下名词性词语。例如：

③中年男子姓汪，绍兴人。

这里后一句承前省略了主语“他”（指“中年男子”）和判断词“是”，“绍兴人”单独作谓语。

4. 数量短语或数词

数量短语或数词是用来表示人或事物的数量的，本身不能独立作谓语，但是在用来表示人或动物的年龄、物体的度量（长度、宽度、高度、重量、体积等）的句子中，谓语部分往往省略数量短语以外的成分，有时也省略量词，看起来像是数量短语或数词作谓语。例如：

①“你‖今年多大了？”“25 岁。”

这里答话是由“我 25 岁大”省略成的，借助情景语境和上下文语境省略了主语“我”和谓语中心“大”，看起来就像是数量短语“25 岁”单独作谓语。

这种说明年龄的句子中，也常省略量词“岁”，谓语中只剩下数词，看起来像是数词作谓语。例如：

②“你‖多大了？”“15。”“我‖也 15。”

这里第二句借助情景语境和上下文语境省略了主语“我”、量词“岁”和谓语中心“大”，看起来像是数词“15”单独作谓语。第三句则借助上下文语境省略了量词“岁”和谓语中心“大”，看起来也像是数词“15”单独作谓语。

还有一种用来表示人或动物的身高、物体的度量（长度、宽度、高度、重量、体积等）的句子，它本来是判断句，但是判断动词“是”经常省略，谓语中只剩下数量短语，看起来也像是数量短语单独作谓语。例如：

③他身高‖ 1.71 米（一米七一）。

④他体重‖ 70 公斤。

以上二例的谓语中都省略了判断词“是”，只剩下了数量短语“1.71 米”“70 公斤”，看起来像是数量短语“1.71 米”“70 公斤”单独作谓语。

⑤这个房间‖ 21 平方米。

这里主语“这个房间”是由“这个房间的面积”省略成的，谓语部分的“21

平方米”的前面省略了判断词“是”，看起来像是数量短语“21平方米”单独作谓语。

（三）谓语的功能类别

如前所述，谓语是句子或短语中对主语进行叙述、说明、描写、判断等的句法成分。相应地，根据谓语的功能，可以把谓语分为叙述谓语、说明谓语、描写谓语和判断谓语等四种。

1. 叙述谓语

叙述谓语是对主语所表示的人或事物的动作行为、发展变化等进行叙述的谓语，大都由动词性词语充当，有时也由形容词性词语充当，表示“变化”的意义。例如：

①他‖来了。

②他‖今天没来。

③我‖写作业了。

④老师‖给我们讲了这个问题。

以上四例中的谓语用来叙述主语的行为，由动词或动词短语充当。

⑤孩子‖长高了。

这个句子中的谓语用来叙述主语发生的变化，由动补短语充当。

⑥天‖热了。

这个句子中的谓语用来叙述主语（“天”）发生的变化，由形容词“热”充当，意思是“变热”。

⑦现在她身体‖好了。

这个句子中的谓语用来叙述主语（“她”）身体的变化，由形容词“好”来充当，意思是“变好”。

2. 说明谓语

说明谓语是用来对主语所表示的人或事物的性质状态进行说明的谓语。这类谓语一般由形容词性词语充当。例如：

①这个主意‖好。

②他的脚‖大。

③这件衣服‖瘦。

以上三例中的谓语用来对主语的性质状态进行说明，由形容词充当。

④这个孩子‖非常聪明。

⑤今天天气‖比昨天热。

以上二例中的谓语也是用来对主语的性质状态进行说明的，由形容词性的状中短语充当。

⑥我们的老师‖水平很高。

⑦他‖眼睛大。

以上二例中的谓语也是用来对主语的性质状态进行说明的，由形容词性的主谓短语充当。用主谓短语作谓语，这是汉语语法的一个特色。

3. 描写谓语

描写谓语是对主语所表示的人或事物的状态进行描写的谓语，主要由状态形容词或描写性的短语充当。例如：

①早上的太阳‖红彤彤的。

这里用状态形容词“红彤彤”来描写太阳的颜色（红而鲜艳），后面的“的”是描写助词。

②他的头发‖雪白。

这里用状态形容词“雪白”来描写“他”头发的颜色（像雪一样白）。

③她的眼圈‖红红的。

这里用“红红”来描写“她”的眼圈的颜色。“红红”是形容词“红”的重叠形式，表示红色很浓，后面的“的”是描写助词。

4. 判断谓语

判断谓语是对主语所表示的人或事物的属性（包括身份、性质、状态等）进行判断性说明的谓语，通常由判断词“是”加上名词性词语充当。如前所述，带有判断谓语的句子叫“判断句”。例如：

①他‖是我的老师。

②他‖是学生。

③孔子‖是中国古代伟大的思想家和教育家。

④他的车‖是白色的。

这里“白色的”是由定中短语“白色的车”省略成的。

⑤助人为乐‖是一种美德。

这里“助人为乐”的意思是“把帮助别人当作一种乐趣”，属于动词性的短语，用来表示名词性的意义——“助人为乐”的精神。

二、宾语

在句子或短语中，在动词性词语的后面，表示动作行为支配或涉及的对象的句法成分就是宾语。能够带宾语的动词是及物动词，及物动词也只有带宾语才能明确地表示意义。及物动词表示的是支配或涉及一定客体的动作行为、心理活动等，如“吃、喝、穿、洗、扫、擦、踢、养、打、磨、拿、给、做、听、看、读、写、表扬、批评、想、思考、爱、喜欢”等。一般情况下，宾语放在动词或动词性短语的后面，如：“我买了一本书。”宾语“一本书”在动词“买”的后面。但有时需要用宾语做话题，就把宾语移到主语的前面，如：“这本书我看过。”宾语“这本书”移到了主语“我”的前边。

（一）充当宾语的词类

宾语是表示动作行为支配或涉及的对象的句法成分，而动作行为支配或涉及的对象是人或事物，一般用名词性词语来表示，所以一般用名词性词语充当宾语。不过，有些事物是由某种动作行为、变化等的过程构成的事情或活动，或者是体现为某种动作行为的处事方法，以及具有某种性质状态的事物，因而有时也需要用动词性词语和形容词性词语来充当宾语。下面我们分别举例加以说明。

1. 名词性词语

名词性词语是用来表示人或事物的名称的，而动词所支配的对象大都是人或事物，所以由名词性词语充当的宾语最常见。例如：

①今天老师表扬小明了。

②我在写作业。

③他喜欢音乐。

④你为什么学习汉语？

以上四例中的宾语都是由名词充当的。

⑤我要当汉语老师。

⑥他养了一只狗。

⑦他买了一台电脑。

⑧小红是一个好学生。

以上四例中的宾语都是由名词性短语充当的。

2. 动词性词语

动词性词语的主要功能是用来作谓语，表示人或事物的动作行为、发展变化等，而有时宾语表示的是由某种动作行为、变化等的过程构成的活动或事情，在这种情况下，宾语通常由表示这种动作行为、变化等的动词性词语充当。这是借动词性词语表示名词性的意义。例如：

①我喜欢跑步。

这里“跑步”指“跑步”这种活动。

②我不喜欢跳舞。

这里“跳舞”指“跳舞”这种活动。

③提倡节约，反对浪费。

这里“节约”指“节约”的做法，“浪费”指“浪费”的做法。

以上三例中的宾语都是由动词充当的。

④他喜欢在跑步机上跑步。

这里“在跑步机上跑步”指“在跑步机上跑步”这种活动。

⑤他们喜欢很多人在一起手拉手跳舞。

这里“很多人在一起手拉手跳舞”指“很多人在一起手拉手跳舞”这种活动。

⑥他喜欢踢足球。

这里“踢足球”指“踢足球”这种活动。

以上三例中的宾语都是由动词性短语充当的。

值得注意的是，表示思维和知觉活动的动词（简称“思维—知觉”动词）、心理活动的动词（简称“心理动词”）和言语动词经常用完整的句子形式作宾语。

常用的“思维—知觉”动词主要有：

想、认为、知道、看、看见、听、听见、听说、发现、发觉、忘、忘记、记得、记着。

常用的心理动词主要有：

怕、害怕、担心、感谢、希望、盼望、注意、需要、同意、拥护、赞成、反对、支持、欢迎、相信、怀疑。

常用的言语动词主要是“说”。

完整的句子形式作思维—知觉动词、心理动词、言语动词的宾语以后，不再表示原来的意义，而是表示一件事情或言语活动的内容，因此，作宾语的句子形式也就不是一个独立的句子了，所以我们称之为“句子形式”。例如：

⑦我看见他来了。

这里宾语“他来了”指的是“我”看见的事情。

⑧听说大为到中国留学去了。

这里宾语“大为到中国留学去了”指的是“我”听说的事情。

⑨我忘了他是哪天来的了。

这里宾语“他是哪天来的”指的是“他是哪天来的”这个问题的答案（具体日期）。

以上三例是“思维—知觉”动词用句子形式作宾语的例子。

⑩我怕他不来。

这里宾语“他不来”指的是“我”怕（意思是“担心”）的可能会发生的事情。

⑪父母希望他能努力学习。

这里宾语“他能努力学习”指的是“他”父母希望发生的事情。

⑫我支持他参加汉语桥比赛。

这里宾语“他参加汉语桥比赛”指的是“我”支持的事情。

⑬我相信你一定会成功。

这里宾语“你一定会成功”指的是“我”相信会发生的事情。

以上四例是心理动词用句子形式作宾语的例子。

⑭他说你很聪明。

这里宾语“你很聪明”指的是“他”说的内容。

⑮他说他一会儿就来。

这里宾语“他一会儿就来”指的是“他”说的内容。

以上是言语动词用句子形式作宾语的例子。

需要指出的是，汉语中的一般及物动词既可以用名词性词语作宾语，也可以用动词性词语作宾语，而汉语中还有一种特殊的动词，也就是“形式动词”，如“进行、加以、予以”等，一定要用动词或以动词为中心语的定中短语作宾语。例如：

进行改革、进行改造、进行比较、进行分析、进行补充、进行打击、进行斗争、进行交换、进行教育、进行考察、进行控制、进行批判、进行批评、进行破坏、进行抢救、进行治疗、进行试验、进行深入的思考、进行深入的研究、进行系统的学习、进行全面的总结、加以保护、加以改进、加以创造性的改造、予以表彰、予以解决、予以大力支持、予以严厉的制裁。

3. 形容词性词语

形容词性词语的主要功能是用来作定语或谓语，表示人或事物的性质状态、变化等。人们有时也用形容词性词语作宾语或宾语中心，表示具有某种性质、状态的事物。这是借形容词性词语表示名词性的意义。例如：

①我们不怕苦，不怕累。

这里前一个宾语“苦”指的是艰苦的事情，第二个宾语“累”指的是劳累的事情。

②我喜欢他聪明。

这里定中短语“他聪明”（注意：不是主谓短语）作宾语，指的是“他”的聪明这一个性特征，其中的“聪明”是形容词，被借用来表示名词性的意义，指的是聪明的个性特征。另外，这里定中短语“他聪明”的定语后没加结构助词“的”，看起来像是主谓短语。

③我喜欢他的幽默。

这里定中短语“他的幽默”作宾语，指的是“他”的幽默的性格，其中的形容词“幽默”被借用来表示名词性的意义，指的是幽默的性格。

（二）宾语的意义类别

我们这里所说的宾语的意义类别，不是指宾语的具体意义，而是从宾语的各种具体意义中概括出来的共同意义，这种意义属于语法意义。从意义类别上看，宾语主要有：支配对象宾语、预期对象宾语、指向对象宾语、针对对象宾语、对待对象宾语、内容宾语、判断宾语等。下面我们分别加以说明。

1. 支配对象宾语

支配对象宾语是用来表示动作行为处置、控制、引导等的对象的宾语。例如：

①他在洗衣服。

②他在弹钢琴。

③老师指导我们写毕业论文。

以上三例中的宾语分别属于处置对象宾语、控制对象宾语、引导对象宾语。

④他当班长了。

这里动词“当”是“担任”的意思，宾语“班长”指的是班长的职务，也是一种支配对象宾语。

有一种处所宾语，表示的是前往或离开的地点、活动的地点、经过的地点等，属于不典型的支配对象宾语。例如：

⑤他去图书馆了。

⑥他上车了。

⑦晚上八点多她才离开办公室。

⑧他下车了。

⑨她每个周末都要逛商店。

⑩我每天上学都走这条路。

⑪我每天上下班的时候，都要路过歌剧院。

以上是处所宾语的例子。其实，前往或离开某地点、在某地点活动、经过某地点等，并没有真正对该地点进行处置，所以说它属于不典型的支配对象宾语。

2. 指向对象宾语

指向对象宾语是用来表示动作行为和心理活动指向的对象的宾语。能够带指向对象宾语的动词一般是双宾语动词、褒贬类动词和心理动词等。

双宾语动词是用来表示告知、给与、教授、问询、亏欠等意义的动词，

它的直接宾语是它的支配对象宾语，间接宾语就是它的指向对象宾语。例如：

①她告诉我她要到中国留学去了。

这里“告诉”属于双宾语动词，“她要到中国留学去了”是它的直接宾语，属于支配对象宾语；“我”是间接宾语，属于指向对象宾语。

②他要给我一本书。

这里“一本书”是“给”的支配对象宾语，“我”是“给”的指向对象宾语。

③王老师教我们汉语。

④我问了老师一个问题。

⑤我欠他一百元钱。

上面三例中的“我们”“老师”“他”都是指向对象宾语。

以上是双宾语动词所带的指向对象宾语的例子。

褒贬动词是用来表示表扬、夸奖、奖励、批评、贬低、讽刺、咒骂等意义的动词。褒贬动词所表示的行为并不直接支配褒贬对象，而是指向褒贬对象，所以褒贬动词的宾语也是一种指向对象宾语。例如：

⑥老师表扬（夸奖、奖励）了我。

⑦老师批评了我。

⑧你讽刺谁呢？

⑨我父亲没有骂我，也没有说我，我很抱歉。

以上是褒贬动词所带的指向对象宾语的例子。

心理动词是用来表示认知活动和情感活动的动词。认知活动和情感活动也不直接支配活动的对象，而是指向活动的对象，所以心理动词的宾语也是一种指向对象宾语。例如：

⑩我知道这件事。

⑪要教育好学生，首先要了解学生，熟悉学生。

⑫我明白你的意思。

⑬我爱（恨、怕、想）他。

⑭我喜欢（讨厌、崇拜、羡慕、嫉妒、尊敬、敬佩、欣赏、关心、同情、想念、感谢、服从）他。

⑮我相信你一定会喜欢这本书的。

⑯我担心他找不到回去的路，所以我去送他。

以上是心理动词所带的指向对象宾语的例子。

值得注意的是，心理动词前可以加上程度副词，表示心理活动所达到的程度，而有时人们为了强调心理活动所达到的程度，用对象介词“对”将心理动词的指向对象引出，放在程度副词的前面。例如：

⑰我非常了解他。→我［对他］非常了解。

⑱我非常钦佩毛泽东。→我［对毛泽东］非常钦佩。

⑲我非常欣赏我们的汉语老师。→我［对我们的汉语老师］非常欣赏。

以上三例中，由于借助对象介词“对”将心理动词的指向对象移到了“程度副词＋心理动词”的前面，这样就使“程度副词＋心理动词”落在了句末，而句末是听者或读者注意的焦点，从而突出了心理活动达到的程度，使它得到了强调。

另一方面，如果心理动词前没有程度副词，就不适合将心理动词的指向对象移到心理动词的前面。例如：

⑳我了解他。→我［对他］了解。

㉑我钦佩毛泽东。→我［对毛泽东］钦佩。

㉒我欣赏我们的汉语老师。→我［对我们的汉语老师］欣赏。

3. 针对对象宾语

有些动词所表示的行为，如表扬、夸奖、批评、祝贺、祝愿等，是直接指向人或事物的，所以它们能够带指向对象宾语，还有一些动词所表达的行为一般是针对人或事物的某种行为、属性等发出的，所以这种动词还可以带针对对象宾语。例如：

①国际奥委会也给他颁了一个特别奖，表扬他的侠义行为。

这里是说，国际奥委会对“他的侠义行为”进行表扬。“他的侠义行为”是动词“表扬”的针对对象宾语。

②法国尚贝里市市长专门接见了李新，表扬他给当地人民带来了精彩表演。

这里是说，市长对“他给当地人民带来了精彩表演”这一点进行表扬。“他给当地人民带来了精彩表演”是动词“表扬”的针对对象宾语。

③你的收入比我还高啊，恭喜你勤劳致富。

这里是说，对“你勤劳致富”这一点表示恭喜。“你勤劳致富”是动词“恭喜”的针对对象宾语。以下依此类推：

④委内瑞拉总统查韦斯10日发表讲话，批评美国干涉委内瑞拉的内部事务。

⑤周围的人纷纷抱怨我挡住了他们的视线。

⑥祝你尽快地康复出院，过个愉快的春节。

以上是针对对象宾语的例子。针对对象宾语所表示的都是人或事物的行为、变化，而针对人或事物的行为、变化进行表扬、夸奖、批评、祝贺、祝愿等，其实也是对发出行为、变化的人或事物进行表扬、夸奖、批评、祝贺、祝愿等，如例①中的表扬“他的侠义行为”，其实也就是表扬“他”，例⑤中的抱怨“我挡住了他们的视线”，其实也就是抱怨“我”。正因为如此，汉语语法学界一般都把这种针对对象宾语看成“原因宾语”，根据这种看法，例⑤应该这样理解：

周围的人纷纷抱怨我，因为我挡住了他们的视线。

这种看法看起来似乎是正确的，其实是错误的，只要我们看看谓语动词前有否定副词的句子，就会发现这样理解是不符合句子的原意的。例如：

⑦她们并没嘲笑你的腿瘸，也没批评你老住医院。

按照汉语语法学界“原因宾语”的说法，上面这个句子应该这样理解：

她们并没嘲笑你，因为你的腿瘸；也没批评你，因为你老住医院。

这样理解的结果显然不符合句子的原意。我们再把例⑤改造成否定句，可以看得更清楚：

周围的人没有抱怨我挡住了他们的视线。

按照汉语语法学界的看法，上面这个句子应该这样理解：

周围的人没有抱怨我，因为我挡住了他们的视线。

这样理解，既不符合原意，也不合逻辑。由此可见，把针对对象宾语看成“原因宾语”，这种看法是错误的。

另外，那种由句子形式充当的针对对象宾语起的是名词性短语的作用，大都表示的是一种行为或一件事情，如例②中的“他给当地人民带来了精彩表演”，表示的是“他给当地人民带来了精彩表演”的行为；例⑤中的“我挡住了他们的视线”表示的是“我挡住了他们的视线”的行为；例③中的“你勤劳致富”指的是“你勤劳致富”这件事。

4. 产物宾语

产物宾语是用来表示制造、创作、写作、选举等行为的产物的宾语。产物属于行为的预期对象，所以产物宾语也可叫“预期对象宾语”。不过，汉语语法学界一般把产物宾语称为“结果宾语”。例如：

① 2002 年，中国三个汽车制造厂一共制造了 185 万辆汽车。

②他会做衣服。

③我写了一本书。

④明天下午我们选班长。

以上四例中的宾语都是产物宾语。

5. 内容宾语

这类宾语表示的是言语活动、视听活动和一些心理活动等的内容。例如：

①他说他非常喜欢小动物，动物是人类永远的朋友。

这里的宾语表示的是“说”的内容。

②我看见一只藏羚羊！

③我看见她使劲地点了点头。

以上二例中的宾语表示的是“看见”的内容。

④我发现一个有趣现象，中国人起名字时很在乎汉字的含义。

这里的内容宾语是“一个有趣现象，中国人起名字时很在乎汉字的含义”。其中的“中国人起名字时很在乎汉字的含义”本来是“有趣现象”的定语，属于内容定语，表示的是“有趣现象”的内容，按照汉语的一般语序，应该放在“有趣现象”的前面，但由于这个定语太长，同时也是为了能使它得到强调，因而让它独立成句，它的语法功能类似于英语中的定语从句。

⑤我听说爱丽丝要到中国留学去了。

⑥我知道中国人不习惯拥抱和亲吻。

以上二例中的宾语表示的是“听说”“知道”的内容。

⑦我认为他是好人。

这里的宾语表示的是“我”认为的内容（也就是我的观点）。

⑧他心想：没错，绝对是这个人。

这里的宾语表示的是“他”心想的内容。

通过以上的例子可以看出，内容宾语大都是由句子形式充当的，是借用句子形式表示名词性的意义。

6. 关系宾语

这是用来表示与主语所表示的人或事物具有同一关系、类属关系、领属关系等的人或事物的宾语，实际上也就是判断句的宾语。例如：

①北京是中国的首都。

这里“中国的首都”属于同一关系宾语，这种宾语可以与主语互换位置，如下所示：

中国的首都是北京。

②海豚是一种海洋哺乳动物。

这里“一种海洋哺乳动物”属于类属关系宾语，前面的“是”是“属于”的意思。“一种海洋哺乳动物”可以表示任意一种海洋哺乳动物，不一定是海豚，还可以是海狮、海豹等，所以不能与“海豚”交换位置。

③鲁迅是绍兴人。

这里“绍兴人”也是类属关系宾语。由于绍兴人很多，不是只有鲁迅，所以“绍兴人”不能与“鲁迅”交换位置。

④噪声是一种严重污染，属于感觉公害。

这是一个并列关系的复句，前一个分句用的关系动词是“是”，后一个分句用的关系动词是“属于”，二者意义相同，它们的宾语都是类属关系宾语。

⑤爱琴海的岛屿大部分属于西岸的希腊，小部分属于东岸的土耳其。

这也是一个并列关系复句，两个分句用的是相同的关系动词，宾语都是领属宾语。

以上我们归纳了汉语中常见的宾语的意义类别。

三、定语

定语是名词性短语中的修饰限定性的成分，定语后面被修饰限定的成分叫作“中心语”，如“善良的人”中的“善良”是定语，“人”是中心语（“的”是结构助词）。由定语和中心语构成的名词性短语叫作“定中短语”，属于偏正短语的一种（另一种偏正短语是状中短语，属于动词性或形容词性短语）。

（一）定语的类别

根据定语的作用，汉语语法学界把定语分为限定性定语和描写性定语两大类。限定性定语用来对中心语所指的人或事物的属性进行说明，描写性定语用来对中心语所指的人或事物的状态进行描写。

1. 限定性定语（说明性定语）

限定性定语是用来对中心语所指的人或事物的属性进行说明的定语，我们也称之为说明性定语。从语法意义上看，这类定语主要用来说明人或事物的性质、状态，人的职责、职业，人或事物所在的处所或方位，人或事物所属的范围，人或事物存在或出现的时间或时代，人或事物的来源、次序、数量、领有者、所进行的动作行为，以及事物的材料、用途、内容，等等。下面我们分别举例加以说明。

①性质、状态定语

说明性的性质、状态定语用来对人或事物的性质、状态进行说明（另外还有一种描写性的状态定语）。所谓“性质”，就是一个人或事物区别于其他人或事物的根本特征。性质是事物的内在属性，是通过判断、推理等逻辑思维手段所认识到的属性，而不是通过人的感官所感觉到的属性。所谓“状态”，指的是可以通过感觉器官直接感觉到的人或事物的形态，是人或事物的视觉状态、听觉状态、触觉状态、气味、味道等。这类定语一般由形容词性词语充当。例如：

（漂亮）的姑娘、（善良）的人、（聪明）的人、（优秀）的运动员、（美丽）的风景、（真实）的故事、（先进）的人脸识别技术、（困难）的事、（大）苹果、（黑）猫、（白）衬衣、（优美）的音乐、（奇怪）的声音、（沙哑）的声音、（清脆）的笛声、（凉）水、（热）饭、（软）柿子、（坚硬）的石头、（香）味、（臭）味、（臭）水沟、（甜）苹果、（苦）的药、（辣）的菜、（咸）的食物、（很简单）的问题、（很热情）的人、（很高兴）的样子、（非常痛苦）的样子。

说明性的性质、状态定语有时带有一定的主观性，具有对人或事物的性质、状态进行评价的性质，如“善良的人”中的定语“善良”，“聪明的人”中的定语“聪明”，“优秀的运动员”中的“优秀”等。

②职责、职业定语

这类定语用来说明人的职责或职业。例如：

（守门）的人、（负责交通工作）的干部、（从事体力劳动）的人。

③时间、时代定语

这类定语用来说明人或事物存在或出现的时间或时代。例如：

（古代）的教育、（现代）的城市、（今天）的报纸、（未来）的五年。

④处所、方位定语

这类定语用来说明人或事物所在的处所或方位。例如：

（教室里）的学生、车上的（乘客）、（天上）的星星、（身上）的衣服、（楼下）的花园、（桌子上）的台灯、（北方）的冬天、（南方）的气候。

⑤来源或产地定语

这类定语用来说明人或事物的来源、商品的产地等。例如：

（从中国来）的游客、（从树上掉下来）的苹果、（来自祖国）的问候、（朋友送）的礼物、（捡来）的钱、（中国产）的手机、（日本产）的汽车。

⑥范围定语

这类定语用来说明人或事物所属的范围。例如：

（全体）学生、全体（教师）、（全校）教师、（全国）人民、（语法方面）的问题、（关于如何对待古代文化）的问题、（局部）地区。

⑦数量定语

这类定语用来说明人或事物的数量。例如：

（一个）人、（一本）书、（七）天、（一个）星期、（许多）学生、（这些）年、（无数）的星星。

⑧次序定语

这类定语用来说明人或事物在一个范围内的排列次序。例如：

（第一个）到教室的学生、（第一个）发现甲骨文的人、（第三）天、（最后）一天。

⑨领有者定语

这类定语用来说明人或事物的领有者。领有者就是人或事物的拥有者。例如：

（我）妈妈、（我）家、（我）的书、（李白）的诗、（学校）操场。

⑩用途定语

这类定语用来说明事物的用途。例如：

（涂答题卡用）的 2B 铅笔、（准备买电脑用）的钱。

⑪内容定语

这类定语用来说明事物的内容。例如：

（先有鸡还是先有蛋）的问题、（按劳分配）的原则。

这里“先有鸡还是先有蛋”是“问题”的内容，“按劳分配”是“原则”的内容。

⑫动作、行为定语

这类定语用来说明人或事物正在进行的动作、行为。例如：

（走路）的人、（上课）的学生、（等车）的人、（飞翔）的鸟。

⑬材料定语

这类定语用来说明产品的材料。例如：

（用石头做）的工具、（用木头做）的乐器、（用淀粉制造）的塑料。

2. 描写性定语

描写性定语是用来对中心语所表示的人或事物的状态进行描写的定语，属于描写性状态定语，由状态形容词、形容词的重叠式、描写性短语及象声词等充当。例如：

（绿油油）的庄稼、（红艳艳、水灵灵）的草莓、（香喷喷）的烧鸡、（臭烘烘）的气味、（硬邦邦）的感觉、（弯弯）的月亮、（漆黑）的夜晚、（雪白）的皮肤、（咸咸、涩涩）的味道、（冰凉）的手、（像大海一样）的云雾、（瘦得像骷髅一样）的孩子、（银铃般）的嗓音、（雷鸣般）的掌声、（小山似）的书堆、（月宫似）的仙境、（“汪汪”）的叫声、（“嗡嗡”）的响声。

多数描写性定语可以转换为描写性谓语。由带叠音后缀的状态形容词充当的描写性定语转换为描写性谓语时，原来的结构助词“的”变成了描写助词。例如：

（绿油油）的庄稼——庄稼绿油油的

（硬邦邦）的感觉——感觉硬邦邦的

（香喷喷）的烧鸡——烧鸡香喷喷的

（雪白）的皮肤——皮肤雪白

（冰凉）的手——手冰凉

（像大海一样）的云雾——云雾像大海一样

（瘦得像骷髅一样）的孩子——孩子瘦得像骷髅一样

以上说明了汉语中常见的定语类别。

由于表达上的需要，一个中心语往往要同时带两个以上的定语。我们把两个以上的定语称为多项定语。多项定语有一定的排列次序。下面我们就来简单说明一下多项定语的排列次序。

（二）多项定语的排列次序

多项定语指的是共同修饰一个中心语的两个或两个以上的定语。多项定语排列的总原则是：在意义上与中心语关系越密切就越靠近中心语。大体说来就是：

领属→时间、处所→数量→状态→性质、特征→职业、材料→性别→中心语。

当然，并不是一个中心语的前面需要同时加上这么多定语。例如：

①（国家队）（90 年代）的（一位）（有 30 多年教学经验）的（优秀）的（篮球）（女）教练已经退休了。

这里定语的排列次序是：领属→时间→数量→状态→性质→职业→性别→中心语。

需要说明的是，性别是人的最重要的本质属性之一，由“男”或“女”作修饰性成分的语言单位一般属于合成词，“女教练”实际上就是一个合成词，而合成词的中间不可以插入其他成分，所以所有的定语都必须加在“女”的前边。这里我们为了说明多项定语的排列次序，同时也是按照一般学者的看法，临时把“女”看成定语。

②（我们林场）的（两座）（刚建成）的（精致）的（木头）房子。

这里定语的排列次序是：领属→数量→状态（说明性的）→状态（评价性说明的）→材料→中心语。

这里有两个状态定语，其中“刚建成”属于说明性状态定语，“精致”是带有评价性质的说明性状态定语，带有评价性质的说明性状态定语“精致”比一般说明性状态定语“刚建成”更接近中心语。带有评价性质的说明性定语往往比一般说明性定语更接近中心语，这也是汉语安排多项定语排列顺序的一个原则。再如“新买的漂亮衣服”“年轻的优秀教师”“爱好和平的善良的人们”“会唱歌的可爱的小鸟儿”，这些定中短语中的带有评价性质的说明性定语“漂亮”“优秀”“善良”“可爱”都比一般说明性定语接近中心语。如果一个中心语前要出现两个或两个以上的带有评价性质的说明性定语，一般让最重要的一个更靠近中心语，如“伟大、光荣、正确的中国共产党”就是如此。

③（我们学校）（操场西南角）的（那个）（简陋）的（小）（木头）门已经被拆掉了。

这里定语的排列次序是：领属→处所→数量（指量）→状态（评价性说明的）→状态（说明性的）→材料→中心语。

这里有两个用来说明状态的定语，一个是“简陋”，一个是“小”，因为门的大小是比简陋与精致更重要的属性（因而古代把小门叫“户”，把大门叫“门”。现在仍然有大门和小门的区别），所以说明性定语“小”比评价性说明定语“简陋”更接近中心语“门”。

④（一只）（大）（白）鹅

这里定语的排列次序是：数量→状态（形体特征）→状态（颜色）→中心语。这里也有两个用来说明状态的定语，一个表示的是鹅的形体特征（大），一个表示的是鹅的颜色（白）。因为物体的颜色是物体本身的特征，而物体的大小是通过比较而观察到的特征，因而相对于物体的大小而言，物体的颜色是与物体关系更密切的特征，所以定语“白”比“大”更接近中心语“鹅”。

四、状语

状语是对动词性词语和形容词性词语进行修饰限定的句法成分。被状语修饰的动词性词语和形容词性词语叫“中心语”。如“悄悄地出去”中的“悄悄”就是状语，“出去”是中心语；“非常高兴”中的“非常”就是状语，“高兴”是中心语。由状语与中心语构成的短语叫“状中短语”。

（一）状语的类别

汉语语法学界根据状语的作用，把状语分为限定性状语和描写性状语两类。

限定性状语用来说明动作行为、变化的时间、频率、重复情况、次数、持续的时间、支配对象的数量、处所方位、范围、趋向、路线、工具、材料、方式、情态、目的、原因、对象、程度、前提等。相应地，限定性状语可以分为时间状语、频率状语、重复状语、动量状语、数量状语、处所方位状语、范围状语、趋向状语、路线状语、工具状语、材料状语、方式状语、情态状语、目的状语、原因状语、对象状语、程度状语、前提状语等。限定性状语属于说明性状语。

描写性状语一般用来描写动作行为的方式、行为主体的情态（表情、动作姿态及心理状态等）所发出的声音、动作行为所产生的结果等。相应地，描写性状语可以分为描写性方式状语、情态状语、程度状语。

限定性状语中有一种语气状语，比较特殊，这里我们把它独立出来进行说明。语气状语一般用来表示对动作行为、变化等的主观态度或情感。

针对限定性状语以及描写性状语下面我们具体加以说明。

1. 限定性状语（说明性状语）

除了语气状语以外，限定性状语都是说明性状语，用来说明事件或动作行为发生、开始或结束、持续的时间，人或事物存在的时间，动作行为、变化的重复，动作行为、变化的处所或方位、范围，动作行为、变化的趋向、路线、工具，制造物品所使用的材料，动作行为的目的，动作行为涉及的对象，情感活动和性质状态所达到的程度，行为对象的数量，等等。

（1）时间状语

时间状语用来表示事件或动作行为、变化发生或结束的时间，以及人或事物存在的时间，一般由时间名词或时间副词及其组合来充当。例如：

①［2005 年 11 月 12 日］，钱学森归国 50 年座谈会在北京召开。

这里时间状语“2005 年 11 月 12 日”表示的是“钱学森归国 50 年座谈会在北京召开”这件事发生的时间。

②我［刚才］做了个梦。

这里时间状语“刚才”表示的是“做了个梦”的时间。

③壮族［过去］有 20 种称呼，［1949 年以后］统称为僮族，［1965 年］又改为壮族。

这里时间状语“过去”表示的是“壮族有 20 种称呼”这种情况存在的时间；“1949 年以后”表示“（壮族）统称为僮族”这件事情起始的时间；“1965 年”表示“（僮族）又改为壮族”这件事情发生的时间。

④［20 世纪初叶以来］，尼罗河上已经建立了不少拦河大坝。

这里时间状语“20 世纪初叶以来”表示“尼罗河上已经建立了不少拦河大坝”这件事情起始的时间。

⑤［一万三千多年以前］，织女星［曾经］是北极星。

这里前一个时间状语“一万三千多年以前”表示“织女星是北极星”这种情况所存在的时间，后一个时间状语“曾经”表示这种情况在过去存在而现在已经不存在了。

需要指出的是，时间名词或时间名词短语作状语的时候，可以放在谓语的前面，也可以放在主语的前面。将时间状语放在主语的前面，目的是把主语的动作行为等作为一个事件来陈述，如例②也可以说成“刚才我做了个梦”，这样说是把“我做了个梦”当作一个事件来陈述，表示这是刚才发生的一个事件。另外，当时间名词短语过长的时候（如例①、例⑤），通常不放在谓语的前面，否则主语和谓语之间的联系就不够紧密。

（2）频率状语

频率状语用来说明动作行为、变化等的频率，主要由频率副词“常”“经常”“常常”“偶尔”和频率形容词“频繁”充当，有时也用数量形容词“多、少”和数量形容词短语“很少”充当。例如：

①我［常］去海边散步。

②我［经常］去图书馆看书。

③我［常常］思考这个问题。

以上三例中的“常”“经常”“常常”意思相同，其中“常”的口语色彩浓，“常常”的书面语色彩浓。

④两国领导人［频繁］互访。

这里“频繁”的意思是在一定时间内进行的次数多，比“经常”所表示的频率更大。

⑤我只是［偶尔］到饭店吃饭。

这里“偶尔”的意思是在一定时间内进行的次数少，不经常。

⑥你应该［多］出去走走，别总在家里坐着。

这里数量形容词“多”是“经常”的意思。

⑦现在新型冠状病毒疫情很严重，大家要尽量［少］出门，出门一定要戴口罩。

这里数量形容词“少”是“不经常”的意思。

⑧我［很少］去商场买东西。

这里数量形容词短语“很少”是“不经常”的意思。

数量形容词“多”“少”只在说明没发生的动作行为的频率时使用，而“很少”由于有了程度副词，带有评价的语气，只在说明已经发生的动作行为的频率时使用，如“你要少出门”不说成“你要很少出门”，而“以前我很少去饭店吃饭”也不说成“以前我少去饭店吃饭”。另外，人们常用“很少”表示“不经常”的意思，但不用“很多”表示“经常”的意思。

（3）重复状语

重复状语用来说明动作行为的重复，主要由重复副词“又”“又一次”“再”“再次”等充当。其中“又一次”和“再次”与“又”的意义相同，只在书面语中使用。另外，“又”“又一次”“再次”通常用来表示已经出现了的重复，而“再”则通常用来表示将要出现的重复。例如：

①他［又］来了。

② 1987 年，我和老伴［又一次］前往新西兰探亲。

③欢迎您，欢迎您［再次］为我们上课！

④如果有机会，我一定［再］来看你。

以上是重复状语的例子。重复状语用来强调同一动作行为的重复，而不是用来表示动作行为发生的频率或次数，所以不属于频率状语，也不属于动量状语。

（4）动量、时量状语

动量状语和时量状语用来说明动作行为等发生的次数或持续的时间量，主要由表示动作行为的次数或时间长度的数量短语充当。例如：

①上小学时，他曾［三次］上山灭火。

②国际上曾［多次］进行过计算速度的比赛。

③邓小平生前曾［数次］接见过四川籍老作家马识途。

④李福祥就是这样在克服各种困难、不断革新技术的过程中，［一次又一次］

地得到党的鼓励，[一次又一次]地克服了困难，也[一次又一次]地获得了革新技术的成就。

这里“一次又一次”是“多次”的意思，但比“多次”的语气重。另外，“多次”属于书面语。

⑤尽管大家[再三]劝他坐下，他还是一直坚持站着讲。

这里“再三”是“一次又一次”的意思。“再三”属于书面语。

⑥到签协议那天，房主[反复]强调只能住一个人，而且必须保持安静。

这里“反复”是“一次又一次”的意思，与“再三”意义相同，所以可以替换为“再三”。

“反复”作状语时只是笼统地强调动作行为发生的次数多，有时人们需要说明反复的具体次数，就在中心语的后面加上表示具体次数的补语。例如：

⑦这种纸张可以[反复]使用1万次左右。

这里“反复使用”是“多次使用”的意思，后面又加上了表示具体次数的补语“1万次左右”。

以上是动量状语的例子。

⑧[三天]打鱼，[两天]晒网，学不到好手艺，成不了行家。

⑨我们每个星期[五天]上班，[两天]休息。

⑩我[已经][三天]没出门了。

这里有两个时间状语，后一个时间状语“三天”表示“没出门”这种情况持续的时间，前一个时间状语由发生体副词“已经”充当，强调“三天没出门”这种情况成为事实。

以上是时量状语的例子。

值得注意的是，在汉语中，数量短语很少用作动量、时量状语，而是经常用作动量、时量补语，而如果动词的后面有宾语，动量、时量补语通常要放在动词和宾语之间，如“灭<三次>火”“打<三天>鱼，晒<两天>网”，这样不能使动量、时量得到突出，也就不能使动量、时量得到强调，而把数量短语放在动词的前边作状语，将数量短语独立出来，能使动量、时量得到突出，如“[三次]灭火”“[三天]打鱼，[两天]晒网”，从而使动量、时量得到强调。

以上是动量、时量状语的例子。表示动作行为发生次数的动量状语与频率状语、重复状语的意义都跟动作行为发生的次数有关，但强调的角度不同。频率状语用来强调在单位时间内（如一个月、一年等）同一个动作行为发生的次数多还是少，重复状语用来强调同一个动作行为发生的次数增加，动量状语用来强调同一个动作行为发生的次数。

（5）数量状语

数量状语用来说明动作行为所支配的对象的数量，主要由数量形容词充当。例如：

①维生素 C［大量］服用可引起腹痛腹泻。

这里数量状语“大量”表示的是服用维生素 C 的数量大。

②大约用了 10 年，我［大量］阅读了各个历史时期有关政治、文化、美学等方面的书籍。

这里数量状语“大量”表示的是阅读书籍的数量大。

③即使只是［少量］减轻体重，也能［较大］改善身体健康状况。

这里前一句中的数量状语“少量”表示的是减轻体重的数量小，后一句中的状语“较大”是用来表示改善身体健康状况的程度大，属于程度状语。

由于数量形容词“大量”“少量”可以充当数量定语，因而由数量形容词“大量”“少量”充当的状语可以转换为数量定语，如例①中的“维生素 C［大量］服用”可以转换为“服用（大量）的维生素 C”，例②中的“我［大量］阅读了……书籍”可以转换为“我阅读了（大量）的……书籍”，例③中的［少量］减轻体重”可以转换为“减轻（少量）的体重”。不过，数量形容词作状语的时候，由于出现在谓语动词的前面，比作宾语中的定语更能引起人们的注意，这样便更能强调所支配的对象的数量。

④你应该［多］喝水。

这里状语“多”表示增加喝水的数量。

⑤你要［少］说话。

这里状语“少”表示减少说话的数量。

值得注意的是，“多”“少”作状语时，强调的是在原有支配对象数量的基础上，增加、减少支配对象的数量，增加、减少以后的数量可能很大、很小，也可能不是很大、很小，只是相对于原有的数量增大或减小了，所以“多喝水”的意义不等于“喝很多水”，“少说话”也不等于“说很少的话”。有一个汉语学习者用“劝”这个词造了这样一个句子：

⑥医生劝我喝很多热水。

从直觉上我们发现这个句子不符合汉语的习惯，应该说成：

医生嘱咐我［多］喝热水。

“多喝”指的是比以往或平时喝得多，并不是要喝很多，喝水喝得很多也是有害的。另外，数量形容词前加上程度副词的时候，一般是用来表示对事物数量的评价性的说明，而医生只是嘱咐“我”多喝水，“我”还没多喝，所以也不能先作出评价。其他如“多休息”“多运动”“多看书”“多吃蔬菜”“多吃水果”等，都是汉语的习惯说法。

另外，由于“多”“少”作状语时，强调的是在原有支配对象数量的基础上，增加、减少支配对象的数量，但不能表明增加、减少支配对象的具体数量，而有时为了表明增加、减少支配对象的具体数量，就在宾语前加上数量定语。例如：

⑦你应该［多］喝（一杯）水。

⑧你应该［多］喝（一点）水。

⑨你应该［少］喝（一杯）水。

⑩你应该［少］喝（一点）水。

⑪你要［少］说（几句）话。

以上是数量状语的例子。

（6）处所方位状语

处所方位状语用来说明行为发生的处所或方位、行为的起点、经过的处所等，一般由处所介词加处所名词或方位名词短语构成（处所介词有时可以省略），或者由处所副词充当。例如：

①他［在教室］看书呢。

②我［在家里］休息呢。

以上二例分别用介词“在”引出看书的处所、休息的处所。

③我［从飞机上］看到了雪山。

这里用介词“从”引出看到雪山的处所（飞机上）。“从”本来用来表示行为的起点或经过的地点，如“从宿舍走到教室”“从宿舍门前走了过去”，但是当行为发生的处所与行为的对象不在同一个处所而是有一段距离时，习惯上用“从”代替“在”引出行为的处所，如果不这样，有时会引起误解。例如：

④我［从车上］看到了王老师。

⑤我［在车上］看到了王老师。

例④用介词“从”引出“我”看见王老师时我所在的处所，表明当时“我”在车上，王老师不在车上，而例⑤用介词“在”引出“我”看见王老师时我所在的处所，应该是“我”和王老师都在车上。如果“我”在车上，而王老师不在车上，应该像例④那样，用介词“从”引出“我”看见王老师时我所在的处所。

⑥［南边］有一条河。

⑦［山上］有座庙。

⑧［上面］种植着一些树木花草。

⑨［床边］站着一个年轻人，手里端着一杯水。

例⑥到例⑨中的状语都是由方位名词和方位名词短语充当的，由于出现在句首，与后面的中心语关系明确，因而没有用处所介词“在”引出。这是现代汉语的习惯。不过，目前的现代汉语语法学界，一般把这种处所状语看成句子的主语，并称之为“处所主语”。

⑩［从北京］坐飞机去莫斯科，需要 10 多个小时。

这里的处所状语表示行为的起点。

⑪我每天上班都要［从歌剧院门前］路过。

这里的处所状语表示经过的处所。

⑫陶慕廉［到处］作演讲，到处发表文章，并督促美国承认中华人民共和国。

这里“到处”的意思是“在很多地方”。

⑬人吃了瓜果后［随处］抛弃果核，也给果实的种子提供了去各地安家的机会。

这里“随处抛弃”的意思也是“在哪里就在哪里抛弃”的意思。

以上二例用处所副词作处所状语。

（7）范围状语

范围状语用来说明行为主体或对象的范围、活动（包括思想活动）的范围，一般由范围副词或表示范围的介词短语充当。例如：

①全班同学［都］及格了。

②他讲的话我［全］记下来了。

③据初步统计，这种讨论会［一共］举行了五六十次。

④年轻干部［一律］骑自行车上下班。

以上是由范围副词充当范围状语的例子。

⑤［在这个问题上］我和你的观点是一致的。

⑥文艺复兴［在文学、艺术、政治思想方面］取得了辉煌成就。

以上是由介词短语充当范围状语的例子。

值得注意的是，人们有时直接用名词性短语作范围状语，而不用介词引出。例如：

⑦［这件事］我做主。

这里“这件事”的意思相当于“在这件事上”，属于范围状语。不过，按照目前汉语语法学界流行的观点，要把“这件事”看成主语，把“我做主”看成谓语，认为这种句子是主谓谓语句。不过，在国际汉语教学上，我们还是应该把“这件事”看成范围状语，这样更有利于学习者学会使用这种句式。

（8）趋向状语

趋向状语用来说明动作行为的方向，一般由方向介词“往”“朝”“向”等加上方位名词构成。例如：

①他［往东］走了。

②从飞机上［往下］看，白云就像大海一样。

这里“从飞机上”属于处所状语，“往下”是趋向状语。

③［向左］转。

这里要求对方向左边转身行走。

（9）路线状语

路线状语用来说明动作行为的路线，一般由方向介词“沿着”“顺着”“从”等加上表示道路的词语构成。例如：

①［沿着这条路］往前走，十分钟就能到共和国广场。

这里“沿着这条路”是路线状语，“往前”是趋向状语。

②［顺着这条道］一直往前走就可以到家了。

这里“顺着这条路”是路线状语，“往前”是趋向状语，“一直”是方式状语，表示按直线走、不转弯的意思。

③他每天［从这条路］去工厂上班。

这里“从这条路”也是路线状语，表示去工厂上班的路线。

（10）工具状语

工具状语用来说明动作行为的工具，一般由工具介词“用”“拿”等加上表示工具的词语构成。例如：

①中国人［用筷子］吃饭，亚美尼亚人［用刀叉］吃饭。

②应该［用砂锅］熬中药，不应该［用铁锅］熬中药。

③词典上的字太小了，他必须［拿放大镜］看才能看清楚。

（11）材料状语

材料状语用来说明制造物品所使用的材料，主要由材料介词“用”加上表示材料的词语构成。例如：

①她的英国老师曾问她，长城是［用什么材料］修建的。

②指南针是一根［用人造磁铁］制成的磁针。

（12）方式状语（说明性的）

方式状语用来说明动作行为的方式。例如：

①要想了解中国，必须［亲自］去中国。

②春节的时候，他［特意］来给我拜年。

③爸爸不让他抽烟，他就躲在厕所里［偷偷］地抽。

④禁止［故意］损坏人民币。

以上是方式副词作方式状语的例子。

⑤我的电脑又坏了，这次是［彻底］坏了。

⑥这张图里有一个数字，［仔细］看才能看出来。

⑦要［认真］学习别人的先进经验。

以上是形容词作方式状语的例子。

（13）情态状语（说明性的）

情态状语用来说明伴随着动作行为的情态（表情、动作和心理状态等）。情态状语一般由表示情态的形容词充当，或者由动词充当。形容词充当情态状语时，后面一般需要加结构助词“地”，而动词充当情态状语时，后面需要加持续体助词“着”。例如：

①我们［高兴］地与京剧演员合影留念。

②比赛失败了，队员们［伤心］地哭了。

③在毕业典礼上他［激动］地高呼：“中华人民共和国万岁！”

④一辆汽车停在道上不动，后面汽车的司机［烦躁］地按着喇叭。

以上四例中的“高兴”“伤心”“激动”“烦躁”都是表示情态的形容词，由于它们更经常做谓语，所以后面如果不加结构助词“地”，会影响听者或读者的理解。

⑤他喜欢［躺着］看书。

⑥他［笑着］说：“我跟你开玩笑呢。”

以上二例中的“躺着”“笑着”表示的是伴随着看书、说话的行为，属于情态状语。

（14）目的状语

目的状语用来说明行为的目的，一般由目的介词“为、为了”等加上表示目的的词语构成。例如：

①主人［为表示对客人的尊敬］，总是让客人自己点菜、点饮料。

②［为了能够成为一名优秀的汉语教师］，我努力学习汉语。

以上二例中的目的状语都是由介词“为”和“为了”加上表示目的的动词性短语构成的。值得注意的是，人们在讲话的过程中，也常采用意会性的不完整的说法，直接用名词性词语表示目的。例如：

③我就是［为这事］来的。

这里的目的状语是一种不完整的说法，它的完整形式应该是“为解决这事”或“为处理这事”等。

④［为了你个人的健康］，［为了你家庭的幸福］，也［为了我们这个社会的安定团结］，请你尽快改掉陋习，还给自己一个清醒的世界。

这里的三个目的状语都是不完整的说法，介词“为了”的后面分别省略了“保护”“维护”“维持”之类的动词。

在口语中，还有一种特殊的目的状语，直接由表示目的的动词性短语充当，不用介词引出。例如：

⑤你的儿子［看你］来了。

这里“看你”是“来”的目的状语。这个句子是由下面这个句子转换成的：

⑥你的儿子来<看你>了。

这里“来”的目的“看你”位于句末语气词前，更能引起对方的注意，这样对“看你”起了强调作用。而为了强调“来”，先说“来”的目的“看你”，使“来”落在句末语气词前，从而引起对方的注意，就成了例⑤这种句式。

（15）原因状语

原因状语用来说明动作行为、变化等发生的原因。原因状语主要有两种：

第一，由原因介词“由于”“因为”引出的。例如：

①［由于众所周知的原因］，两国外交关系在1967年中断了。

②［由于长期当记者的缘故］，他在任何条件下都可以写作。

③［由于书籍出版和发行量的增加］，书店也相应增多了。

④两个人［为这件事］吵了起来。

⑤就［因为这件事］，他被厂里解雇了。

⑥［因为这个缘故］，伊斯坦布尔被列入欧洲文化名城。

第二，“在……的V下”形式的。

“在……的V下”形式的原因状语通常表示的是导致行为、变化等发生的持续时间比较长的，甚至是伴随着行为、变化的整个过程的因素。例如：

①他在公共汽车上与持刀抢劫的三名歹徒展开殊死搏斗，最后［在乘客的帮助下］制服了其中两名歹徒。

②［在大家的劝说下］，他决心戒烟。

③意大利科学家伽利略［在荷兰人的启发下］，发明了天文望远镜。

④［在导师耐心细致的指导下］，我终于写完了毕业论文。

⑤叶挺与贺龙［在周恩来的领导下］发动了震惊中外的南昌起义。

⑥女儿［在妈妈的影响下］也喜欢上了网球。

以上六例中的“在……的V下”都可以换成“由于……的V”，如例④[由于导师耐心细致的指导]，我终于写完了毕业论文。

不过，尽管“在……的V下”形式的原因状语可以换成“由于……的V”形式的原因状语，但“在……的V下”形式的原因状语能更有效地强调行为、变化等发生的原因、持续的时间长、起的作用大。

（16）对象状语

这类状语用来说明动作行为涉及的对象，包括处置的对象、对待的对象、替代的对象、服务的对象、指向的对象、合作的对象、争斗的对象、比较的对象、交付的对象、发送的对象等。对象状语通常由对象介词加上相应的对象构成。下面我们具体举例加以说明：

①隔一个星期左右[把所学的知识]再复习一下。

②我先[把作业]做完，然后再出去玩。

以上二例中的状语表示的是处置的对象，是处置对象状语。

谓语动词带有处置对象状语的句子是处置句。处置对象状语中介词的宾语是由谓语动词的宾语转换成的，大都可以移回谓语动词的后面，但移回之后，处置句就变成了普通的主谓句，例①和例②就是如此：

隔一个星期左右再复习一下所学的知识。

我先做完作业，然后再出去玩。

③他们演出时[对观众]非常有礼貌，非常热情，一次又一次地返场表演，以满足观众的要求。

④中国人民[对我们]非常热情、友好。

以上二例中的状语表示的是对待的对象，是对待对象状语。

⑤我[对毛泽东]非常钦佩。

⑥我[对习主席]非常尊敬。

⑦他虽然已经退休了，但[对我们学校的工作]仍然十分关心。

以上三例中的状语表示的是指向的对象，是指向对象状语。这种指向对象状语是由“主—动—宾”句中的指向对象宾语转换成的，转换的目的是为了突出心理活动所达到的程度。以上三例都可以还原成“主—动—宾”句：

我非常钦佩毛泽东。

我非常尊敬习主席。

他虽然已经退休了，但仍然十分关心我们学校的工作。

上面这三个“主—动—宾”句的宾语都是指向对象宾语。

⑧你［跟谁］说话呢？

这里状语表示的是行为指向的对象，也是指向对象状语。

⑨你［替我］交一下作业，好吗？

这里状语表示的是替代的对象，是替代对象状语。

⑩等我［给你］拿一把椅子来。

这里状语表示的是服务的对象，是服务对象状语。

⑪她见到我，显出很高兴的样子，邀我［跟她］跳舞。

这里状语表示的是合作的对象，是合作对象状语。

⑫我［跟他］吵起来了。

⑬我家的小猫［跟小狗］打起来了。

以上二例中的状语表示的是争斗的对象，是争斗对象状语。

⑭他汉语说得［比我］好。

这里状语表示的是比较的对象，是比较对象状语。

⑮我［给他］送书去。

这里状语表示的是交付的对象，是交付对象状语。

⑯我［给她］发个短信。

这里状语表示的是发送的对象，是发送对象状语。

（17）程度状语（说明性的）

这类状语用来说明情感活动或心理活动及事物的性质状态所达到的程度，一般由程度副词充当。例如：

①我［非常］喜欢汉语。

②我们［很］幸福，我们［很］快乐，我们［很］满足。

③他［非常］了解自己的学生。

④爸爸妈妈［非常］关心他的学习情况。

⑤快要考试了，我心里［有点］紧张。

⑥牛顿学习、工作或思考问题时，注意力［特别］集中。

以上六例中的状语表示情感活动或心理活动所达到的程度。

⑦她［非常］聪明。

⑧这是一场［非常］精彩、［非常］优秀、［非常］激动人心的比赛。

⑨这个城市［很］大。

⑩今天比昨天［稍微］凉快一点。

⑪这篇课文［有点］难。

以上五例中的状语表示事物的性质状态所达到的程度。

（18）前提状语（能愿状语）

这类状语用来表示做事所需的主客观前提条件是否具备。做事的主观前提条件主要有打算、愿望、决心、信心、能力、技能、可能性、资格、胆量、机会等。前提状语大都由助动词充当。由于汉语语法学界习惯上把助动词叫作“能愿动词”，根据这个习惯，前提状语也可以叫作“能愿状语”。

一般情况下，如果做事的前提条件具备，就在谓语动词前加上助动词，不具备要在助动词前加上否定副词“不”。例如：

①我［想］到中国去学习。

这里状语“想”表示“有……的愿望和打算”。

②“你们［愿意］上学吗？”［愿意］，因为能学到不少知识。”

这里问话中的状语“愿意”表示“有……的愿望”。答话中“愿意”的后面省略了中心语“上学”。

③邓小平伟大，他［能］使中国人富起来。

这里状语“能”表示“有……的能力”。

④他已经［会］用筷子吃饭了。

这里状语“会”表示“有……的技能”。

⑤我［不会］开车。

这里状语“不会”表示“没有……的技能”。

⑥你看今天［能不能］下雨？

这里状语“能不能”表示“有还是没有……的可能”。

⑦孔子说："温故而知新，可以为师矣。"① 意思是说，如果一个人复习旧的知识而能有新的体会，就［可以］做老师了。

这里状语"可以"表示"有……的资格"。

⑧你［敢不敢］从这儿跳下去？

这里状语"敢不敢"表示"有还是没有……的胆量"。

以上八例中的前提状语是用来表示主观前提有无的。

⑨中国的一个京剧团要来演出了。

⑩是吗？太好了！我［可以］在现场看京剧了。

这里状语"可以"表示"有……的机会"。

⑪这次聚会他没来，因而我［没能］跟他见面。

这里状语"没能"表示"没有……的机会"。

以上二例中的前提状语是用来表示客观前提有无的。

以上我们举例说明了各种常见的说明性状语。

2. 描写性状语

描写性状语是用来描写动作行为的方式、行为主体的情态和性质状态的程度等的状语。从意义上看，描写性状语有三种，一种是方式状语，一种是情态状语，一种是程度状语。

（1）方式状语

这类状语用来描写动作行为的方式。描写性方式状语一般由性质形容词的重叠形式、数量短语的反复形式、象声词等充当，后面要加结构助词"地"。例如：

①金汉基左手拿着一本书法字帖，右手握住特制的毛笔，［认认真真］地在水泥地面上书写着中国汉字。

②他又［马马虎虎］地在食堂里吃了一顿无味的晚饭。

以上二例是用性质形容词的重叠形式描写动作行为的方式。

性质形容词作状语时，本来属于说明性状语，如"认真地写字"，但性质形容词重叠以后，音节上就有了一种形象的感觉，因而人们用它来作描写性状语。

① 孔子著．杨伯峻，杨逢彬注释．杨柳岸导读．论语 [M]. 长沙：岳麓书社，2018.

值得注意的是，性质形容词的重叠形式作描写性方式状语时，有时描写的是动作行为的结果，是通过动作行为的结果显示动作行为的方式。例如：

③他［满满］地盛了一碗饭。

这句的意思是：他盛了一碗饭，这碗饭满满的。这是通过盛饭的结果显示盛饭的方式：很认真、很努力地盛。

④他在黑板上［圆圆］地画了一个大圈。

这句的意思是：他画了一个大圈，这个大圈圆圆的。这是通过画圈的结果显示画圈的方式：很认真地画。

以上是性质形容词的重叠形式作描写性方式状语的例子。

⑤于是他们找来近期报纸［一张一张］地翻看。

这里是说“他们”一次一张地仔细地翻看近期报纸。

⑥时间［一分一分］地过去了，两个小时后，医生宣布手术成功。

这里是说时间一次一分钟地缓慢地过去（这其实是人的主观感觉，是人不停地看手表等计时器时的感觉）。以上两例是数量短语的反复形式作描写性状语的例子。

⑦时钟［当当当］地敲了 12 下，他还在忙着备课。

这里描写的是时钟敲响的方式：一次一下，发出比较响亮的声音。

⑧火车［轰隆轰隆］地开进站来。

这里描写的是火车开进站的方式：沉重，发出很大的声音。

⑨天［哗哗］地下起雨来。

这里描写的是天下雨的方式：急促、猛烈，发出比较大的声音。

⑩她［咚咚咚］地走上楼。

这里描写的是“她”上楼的方式：脚步沉重，发出较大的声音。

以上四例是象声词作描写性状语的例子。

（2）情态状语

这类状语用来描写伴随着动作行为的情态（表情、动作和心理状态等）。描写性情态状语通常由某些状态形容词、动词的重叠形式、描写性短语和比喻性短语等充当，后面也要加结构助词“地”。

①我们［慢腾腾］地穿过广场，这缓慢的速度使我感到惬意。

②梅花鹿［懒洋洋］地在路边散步。

③他［孤零零］地站在那里，身后空无一人。

④他［恶狠狠］地关掉电视。

以上是带叠音后缀的状态形容词作描写性情态状语的例子。

⑤她偷偷地从后门溜了出去，［躲躲藏藏］地走入了左面一条小巷。

⑥孩子们［蹦蹦跳跳］地上学去了。

⑦于是他就挣扎着站起来，［摇摇晃晃］地走了出去。

⑧小孩子们挤在门口不眨眼地往里看，［比比划划］地议论。

以上是动词的重叠形式作描写性情态状语的例子。动词的重叠形式作描写性情态状语时，表示的是动作行为持续不断的意思。如“躲躲藏藏”是“不停地躲藏”的意思，“蹦蹦跳跳”是“不停地蹦跳”的意思，“比比画画”是“不停地比划”的意思。

⑨孩子高兴了，［指手画脚］地讲起来。

⑩歹徒被官兵围在中间，［张牙舞爪］地挥舞着匕首，企图顽抗到底。

⑪众人［手忙脚乱］地将他抬上床。

⑫他［上气不接下气］地跑到学校。

以上是用描写性短语作描写性情态状语的例子。

⑬他们［像亲人一样］地交谈着。

⑭他［像石头一样］地站在门槛上。

以上是用比喻性短语作描写性情态状语的例子。比喻性短语本质上也属于描写性短语，只是它不是直接描写情态，而是通过打比方的方式进行描写，所以我们将它与描写性短语区分开。

（3）程度状语

这类状语用来描写事物的性质、状态所达到的程度。描写性程度状语通常由比喻性短语充当，后面也要加结构助词“地”。

①他［像钢铁一样］地坚强。

这里用描写性短语“像钢铁一样”来表现“他”坚强的程度大，等于说“他非常坚强”。

②她的手指［像金箍棒一样］硬，我忍着疼不吭声。

这里用描写性短语“像金箍棒一样”来表现“她”的手指硬度大。

以上是用比喻性短语作描写性程度状语的例子。

3. 语气状语

语气状语是用来表示说话者或作者对自己所说的内容的主观态度或情感的状语。这类状语主要由语气副词和否定副词充当。与语气副词和否定副词的语法意义相应，语气状语也表示确认、否定、劝阻、禁止、排除其他、反问、追问、推测、决心坚定、态度坚决、不出所料或所说的、意外、相反、不顾要求、不顾事实、不如意、事实不容否认、强调事实、揭示真相、弄清原因、巧合、幸运、嘱咐、委婉、恭敬、只好如此、必须如此、勉强同意或勉强让步、将就、无所谓、夸张、事情发生或结束得快、事情发生或结束得早，等等。例如：

①光明胜利的前途 [一定] 会到来。

这里“一定”是“肯定”的意思，表示断定的语气。

②我们 [一定] 按时完成任务。

这里“一定”表示决心坚定的语气。

③中国教练 [确实] 为世界跳水做出了贡献。

这里状语“确实”表示确认的语气。

④黄山的松树和山峰也都很有特色。很多山峰样子都非常奇特，所以叫“奇峰”，松树 [就] 长在这些奇峰上。

这里状语“就”表示排除其他的语气，意思是说，松树不是长在别的地方，而是长在这些奇峰上。

⑤中国队有 5 名队员因故、因伤无法参赛，这场比赛中国队 [恐怕] 赢不了。

这里状语“恐怕”表示推测的语气。

⑥这一招 [果然] 十分有效。

这里状语“果然”表示不出所料的语气。

⑦几十万观众离场后，地上 [竟然] 没有垃圾。

这里状语“竟然”表示意外的语气。

⑧但不幸的事情 [偏偏] 发生了。

这里状语“偏偏”表示不如意的语气。

⑨这一天［正好］是鲁迅先生的诞辰纪念日。

这里状语"正好"表示巧合的语气。

⑩电影和电视［到底］有什么不同?

这里状语"到底"表示追问的语气。

⑪［难道］天上［真的］［会］掉下馅饼来?

这里第一个状语"难道"表示反问的语气，第二个状语"真的"表示确认的语气。另外，"掉下"前的助动词"会"用来表示"有可能"的意思，属于前提状语。

语气状语主要由语气副词充当，语气状语的语法意义就是语气副词的语法意义。

以上我们说明了汉语中常见的状语类别。

由于表达上的需要，一个中心语往往要同时使用两种以上的状语，这两种以上的状语有一定的排列次序。下面我们就来简单说一下多项状语的排列次序。

（二）多项状语的排列次序

当一个中心语前需要出现两个或两个以上的状语时，要按照一定的次序排列。汉语多项状语的排列次序大体是：原因或条件→时间→语气→工具或凭借→处所或方位→范围→程度→对象→方式或情态。其他种类的状语根据情况穿插在其中。不过，一个句子中通常不会同时出现这些类型的状语。例如：

①［由于燃烧炸弹的危害太大］，［1972 年］联合国［曾经］开会讨论禁止使用燃烧炸弹。

这里状语的排列次序是：原因→时间（由时间名词充当）→时间（由时间副词充当）。

②［由于伏尔泰毕生为自由而斗争］，［1778 年］［当他去世时］，人们［在他的柩车上］［以"他教导我们走向自由"的题词］来概括他的一生。

这里状语的排列次序是：原因→时间（范围较大）→时间（范围较小）→处所→凭借。

③［今天上午 7 点］，王先生［再次］［乘坐 37 次列车］来到武汉。

这里状语的排列次序是：时间→重复→方式。

④［今天上午］双方［在会议厅］［就广泛的问题］［深入］地交换了意见。

这里状语的排列次序是：时间→处所→对象→方式。

⑤有人［用录音机］［把它们的声音］录了下来。

这里状语的排列次序是：工具→对象。

⑥［由于多年来一直没找到合适的对象］，她［几乎］［对找对象］丧失了信心。

这里状语的排列次序是：原因→程度→对象。

另外，用介词“关于”加宾语构成的范围状语只放在句首，不受其他状语的影响。例如：

⑦［关于这个问题］，我们［昨天］［在会议室］讨论了一上午。

这里状语的排列次序是：范围→时间→处所。由“关于”加宾语构成的范围状语放在了句首。

五、补语

补语是在句子或短语中对动作行为、变化以及性质状态进行补充说明、描写、评价的句法成分，被补充说明的成分叫“中心语”。由中心语与补语构成的语言单位叫作“中补短语”，属于动词性或形容词性短语。

（一）补语的类别

根据补语的作用，可以把补语分为说明性补语、描写性补语和评价性补语。而根据补语的语法意义，可以把说明性补语分为前提补语、结果补语、实现补语、持续补语、目的补语、趋向补语、时间补语、处所补语、动量补语、程度补语等，可以把描写性补语和评价性补语都分为结果补语和方式补语两类。为了避免重复，我们只按补语的语法意义进行分类，把说明性补语、描写性补语和评价性补语分别放在补语的语法意义类别中进行说明。

1. 结果补语

结果补语是用来对动作行为、变化所造成的结果进行说明、评价和描写的补语，有说明性结果补语、评价性结果补语和描写性结果补语三种。

（1）说明性结果补语

说明性结果补语用来说明行为、变化的结果。

第一，表示使行为对象发生某种变化。

这种结果补语用来表示使行为对象发生相应的变化，主要由形容词和少数单音节动词来充当，并且都有“使……”的意思。（这属于古代汉语语法学上所说的“使动用法”。）例如：

①有的温泉特别热，甚至可以煮＜熟＞鸡蛋和土豆。

②“文化”是一个很常用的词，可是真要说＜清楚＞文化是什么，可就不容易了。

③杭州图书馆对乞丐开放，洗＜干净＞手即可看书。

以上三例中动词后面的结果补语都是由形容词充当的，都含有“使……”的意思。如“煮熟鸡蛋和土豆”等于说“煮鸡蛋和土豆并使鸡蛋和土豆熟”，“说清楚这些问题”等于说“说这些问题并使这些问题清楚（容易理解）”，“洗干净手”等于说“洗手并使手干净”。

值得注意的是，由于充当这种结果补语的形容词是作动词用的，因而前面不能加程度副词，也不能重叠，如不能说“洗很干净手”，也不可以说“洗干干净净手”。

下面我们再来看看由动词充当结果补语的例子。

④在推＜倒＞第一张骨牌以后，其他骨牌便接连倒下，共推＜倒＞28 万张骨牌。

这里“推倒……骨牌”等于说“推……骨牌并使……骨牌倒”。

⑤他打＜死＞了一只苍蝇。

这里“打死了一只苍蝇”等于说“打了一只苍蝇并使它死了”。

值得注意的是，以上五例都是动词和补语共同支配一个宾语。有时补语后面的宾语是补语自己的宾语，而不是动词的宾语。例如：

⑥她哭＜红了眼睛＞。

这里动宾短语“红了眼睛”（意思是“使眼睛变红了”）作谓语动词“哭”的补语，而不是“红”单独作“哭”的补语，所以“红”与“眼睛”有支配与被支配的关系，而“哭”与“眼睛”没有支配与被支配的关系。

第二，表示行为主体发生某种变化。

这种结果补语也主要由形容词和少数单音节动词来充当，表示的是行为主体的变化。例如：

①那个人可能有间歇性精神病，也可能喝<醉>酒了。

这里“喝”的结果补语“醉”说的是主语“那个人”的变化。另外，这里“喝<醉>酒”是由“喝酒<醉>”调整成的。“喝酒<醉>”是近代汉语中的说法，后来人们更习惯于把补语直接放在动词后面，而不放在宾语后面，就形成了“喝<醉>酒”的说法。

②我吃<饱>了。

这里“吃”的结果补语“饱”说的是主语“我”的变化。

③一天清晨，我被门铃声吵<醒>。

这里结果补语“醒”说的是主语“我”的变化。

④变<坏>容易变<好>难，一个人如此，一个民族也如此。

这里结果补语“坏”和“好”说的是主语（“一个人”）的变化。

以上各例中的补语所表示的都是动作行为或变化的直接结果。

⑤你今后别再研究火箭了！人也研究<老>了，家也研究<穷>了，身体也研究<垮>了，还是研究不出来。

这里补语“老”“穷”“垮”表示的是“研究火箭”的间接结果：人老了、家穷了、身体垮了。（直接结果是“研究不出来”。）

第三，表示行为对象的状态。

这种结果补语用来说明行为完成以后，行为的对象（包括预期对象，也就是产物）的状态。例如：

①你衬衣穿<反>了。

这里是说，“你”穿衬衣的结果是衬衣反了（里外反了，或者前后反了）。

②这幅画挂<歪>了。

这里是说，“你”挂这幅画的结果是这幅画歪了。

③你箱子拿<错>了。

这里是说，“你”拿“你”的箱子的结果是拿了一个错的箱子（别人的箱子）。

④你这个字念<错>了。

这里是说，“你”念这个字的结果是念出了一个错的音。

⑤你这个字写<错>了。

这里是说，“你”写这个字的结果是写出了一个错的字。

⑥蛋糕做＜大＞了，盒子也要大。

这里是说，点心师做蛋糕的结果是做出了比正常尺寸大的蛋糕，就不能用正常尺寸的盒子装，也要做一个大的盒子。后一句中“大”的前面省略了动词“做”。

值得注意的是，汉语在语序的安排上有一个习惯，就是把未知信息放在句末。如果行为的对象是未知信息，要放在句末。例如：

⑦你认＜错＞人了。

这里的“人”对“你”来说是未知信息，“你”不知道这个人是谁，“你”误以为这个人是“你”认识的一个人，所以“人”要放在句末，不可以说成“你人认＜错＞了”。以下二例依此类推：

⑧你走＜错＞路了。

⑨你上＜错＞车了。

第四，表示行为的目的或结果实现。

这类结果补语主要由具有“实现”意义的趋向动词“上”“出来”“到”“起来”等和动词“着”（zhao）“见”等充当。不过，这种补语只表示行为的目的或结果实现的意义，而不表示行为的结果是否已经实现。如果需要强调行为的结果已经实现，就在句末加上动态语气词“了”；如果需要强调行为的结果没实现，就在动词的前面加上否定副词“没”。例如：

①门关＜上＞了。

这里“关上”表示关（门）的目的实现（使门处在关闭状态），而后面的语气词“了”表示关门的目的已经实现（已经使门处在关闭状态）。

②门没关＜上＞。

这里“没关上”表示关（门）的目的没实现。

③有的画家喜欢留长头发，走在街上，人们一眼就能认＜出来＞。

这里“认出来”表示“认”的结果实现（知道对方是谁或是干什么的）。

④我找＜着 / 到＞那本书了。

这里“找着”和“找到”表示“找”的结果实现。

⑤我没找＜着 / 到＞那本书。

这里“没找着”和“没找到”表示“找”的结果没实现。

⑥我看<着 / 见 / 到>他了。

这里“看着”“看见”和“看到”表示“看”的结果实现。

⑦我没看<着 / 见 / 到>他。

这里“没看着”“没看见”和“没看到”表示“看”的结果没实现。

⑧我想<起来>了。/ 我没想<起来>。

这里“想起来”表示“想”的结果实现，“没想起来”表示“想”的结果没实现。

以上我们说明了汉语中常见的几种说明性结果补语。

（2）评价性结果补语

评价性结果补语用来评价动作行为的结果，一般由性质形容词性词语充当。评价性结果补语前都要加上结构助词“得”。例如：

①她长得<很漂亮>。

这里“很漂亮”是对长的结果的评价。以下依此类推：

②他说得<非常对>。

③钱花得<不多>，东西买得却<不少>。

④他预祝第五届全国少数民族传统体育运动会开得<精彩、圆满、成功>！

这里补语“圆满”和“成功”是对“开”的结果的评价，属于评价性结果补语，而“精彩”是对“开”的方式的评价，属于评价性方式补语。

⑤怎样活着，才算活得（有意义）？

这里“有意义”形式上是动宾短语，表示的是形容词性的意义，意思是“意义大”。

（3）描写性结果补语

描写性结果补语用来描写动作行为、变化的结果，主要由状态形容词、形容词的重叠形式、描写性短语、比喻性短语和象声词充当。例如：

①她头发染得<漆黑>，脸上擦得<雪白>。

②他双手插在裤袋中，站得<笔直>。

③这些小姑娘个个长得<水灵灵>的。

④阳光把屋子里照得<亮堂堂>的。

以上是用状态形容词充当描写性结果补语的例子。

⑤这只仓鼠的毛长得<雪白雪白>的。

⑥他看起来很精神，站得＜笔直笔直＞的。

以上二例是状态形容词的重叠形式充当描写性补语的例子。状态形容词重叠形式后面的“的”属于描写助词。

⑦我嗓子干得＜直冒烟＞。

⑧她营养不良，太瘦了，瘦得＜皮包骨＞。

⑨我激动得＜说不出话来＞。

⑩他高兴得＜直拍手＞。

⑪现在只有一个多月的时间准备了，我们着急得＜睡不着觉＞、＜吃不下饭＞。

⑫连日来，广州热得＜像个火炉＞。

⑬太阳把地面烤得＜像石头一样硬＞。

以上是用描写性短语和比喻性短语充当描写性结果补语的例子。用描写性短语和比喻性短语充当的描写性结果补语表示变化或心理活动所达到的程度大，起的是程度补语的作用，但比程度补语更具体、更形象，如例⑦“嗓子干得直冒烟”就比“嗓子干得厉害”更具体、更形象，例⑧“瘦得皮包骨”就比“瘦得厉害”更具体、更形象，例⑨“激动得说不出话来”就比“激动得不得了”更具体、更形象。

⑭他把键盘打得＜噼里啪啦＞的。

⑮天下着大雪，风刮得＜呼呼＞的。

⑯雨下得＜哗哗＞的。

以上是用象声词作描写性结果补语的例子。这种结果补语是通过描写动作行为发出的声音来显示人或事物的某种属性所达到的程度大。如例⑭的补语“噼里啪啦”显示“他”打字熟练，速度快，例⑮的补语“呼呼”显示风的力度大。

⑰她每天都把自己打扮得＜漂漂亮亮＞的。

以上是用形容词的重叠形式作描写性补语的例子。形容词的重叠式是通过音节的重叠增强形象性，从而起到描写动作行为结果的作用。

以上我们举例说明了三种结果补语。我们再通过三个例子比较一下三种补语有何不同：

⑱她把衣服洗＜干净＞了。

⑲她把衣服洗得<很干净>。

⑳她把衣服洗得<干干净净>。

以上三例中的补语分别是说明性结果补语、评价性结果补语、描写性结果补语。说明性结果补语前不加结构助词，评价性结果补语和描写性结果补语前要加结构助词“得”。

2. 趋向补语

趋向补语用来表示人或事物运动的方向，主要由趋向动词“来”“去”“进”“出”“上”“下”“回”和趋向动词短语“进来”“进去”“出来”“出去”“回来”“回去”“上来”“下来”“上去”“下去”“起来”等充当。例如：

①他等你呢，你进<去>吧。

②进<来>吧。

③两个人一起把他拽了<上来>。

④这座小山上全是石块，非常难上，我费了很大劲才爬了<上去>。

⑤我刚从家里走<出来>，天就下雨了。

⑥我看完就给你送<回来>。

⑦他想从阳台上跳<下去>，可他不敢。

⑧中国人民站<起来>了。

⑨风筝飞<起来>了。

第一，趋向动词作补语的时候，人或事物运动的方向是以观察者所在的处所为参照点的，所以朝着观察者的方向运动，用“来”“进来”“出来”“回来”“上来”“下来”等作补语；离开观察者所在的地方，用“去”“进去”“出去”“回去”“上去”“下去”等作补语。

第二，有些行为是由人或动物身体的某个部位做出的，如“吃”“喝”“咽”“吐”“扔”等，这种行为的对象移动的方向是以相应的身体部位为参照点的，所以离开身体部位向下移动，要用“下去”作补语，如“吃下去”“喝下去”“咽下去”，都是以口腔和喉咙为参照点。行为对象离开身体部位向外移动，要用“出去”作补语。如“吐出去”，是以口腔为参照点的；“扔出去”，是以手为参照点的，被扔的物体要从手中出去，离开手，所以用“出去”作补语。

第三，有时趋向补语后还要带宾语。例如：

①我走＜出＞店门的时候，一位少年正要进＜来＞。

②我刚走＜进＞教室，上课的铃声就响了。

第四，作补语的趋向动词“下去”“起来”有一种引申用法，就是表示一种行为、变化的持续。例如：

天一点一点地昏暗＜下去＞，然后又一点一点地明亮＜起来＞。

这里“昏暗下去”的意思是“持续地变昏暗”，“明亮起来”的意思是“持续地变明亮”。

第五，作补语的趋向动词还有一种引申用法，就是表示行为的结果实现，属于一种结果补语。例如：

①这些都不是能学＜来＞的，而是与生俱来的。

这里“来”表示“学”的结果实现——掌握。

②门关＜上＞了吗？

这里“上”表示“关门”的结果实现——将门固定在关闭的状态。

第六，作补语的趋向动词“上”还有一种引申用法，就是表示做某事的愿望的实现。例如：

没多久，她自己也住＜上＞了别墅，开＜上＞了宝马。

这里补语“上”表示“住（别墅）”和“开（宝马）”的愿望实现。

3. 前提补语（可能补语）

这类补语用来表示是否具有做某事的前提条件，也就是是否具有做某事的先决因素，如能力、办法、可行性、机会等。这类补语所表示的语法意义与作状语的“能”或“不能”相当。可以说，这种补语是对作状语的“能”或“不能”的代替。语法学界把前提补语称为“可能补语”。

（1）能力补语

这类补语用来表示是否有做某事的能力。这种补语可以简称为“能力补语”。能力补语有三种。

第一，由助词“了”充当。

用助词“了”（liao）充当补语表示有做某事的能力时，有两种方式，一种是直接用助词“了”作补语，说成“V 了”，另一种是在“了”的前面加上助词“得”（de），说成“V 得了”，表示有做某事的能力。用助词“了”充当补语表示没有做某事的能力时，在“了”的前面加上否定副词“不”，说成“V不了”。例如：

①现在自拉自唱没有人行了，拉<了>唱<不了>，唱<了>拉<不了>，自拉自唱的少，很多人按音不准。

这里“拉了”的意思是“能拉（四弦胡琴）”，“唱不了”的意思是“不能唱（指跟着胡琴拉的旋律唱歌）”，“唱了”的意思是“能唱”，“拉不了”的意思是“不能拉”。

值得注意的是，尽管“了”（liao）本身就能表示有能力做某事，人们还经常在“了”的前边另外加上一个助词“得”（de），表示有能力做某事。例如：

②吃<得了>苦，耐<得了>穷，才值得骄傲和自负。

这里“吃得了”的意思是“能吃”，“耐得了”的意思是“能耐（忍受）”。

以上二例是用“了”（liao）、“得了”和“不了”作能力补语的例子。

另外，“了”作补语时，还可以表示有做某事的办法。

第二，由助词“得”充当。

用助词“得”（de）充当补语表示有做某事的能力时，直接用助词“得”作补语，说成“V得”；用助词“得”充当补语表示没有做某事的能力时，要在“得”的前面加上否定副词“不”，说成“V不得”。例如：

①经理龙仲晗说：“我喜欢用农村人，吃<得>苦。”

这里“吃得”的意思是“能吃”。

②老人的牙齿掉了，吃<不得>硬东西。

这里“吃不得”的意思是“不能吃”。

以上二例是用“得”和“不得”作能力补语的例子。另外，“得”作补语时，还可以表示有做某事的办法。

第三，在结果补语或趋向补语前加上“得”或“不”。

在谓语动词的结果补语前加上助词“得”（de），表示有做某事的能力；在动词的结果补语前加上否定副词“不”，表示没有做某事的能力。例如：

①我更喜欢“拿<得动>，买<得起>，看<得完>”的书。

这里“拿得动”的意思是“能拿动”，“买得起”的意思是“能买起”，“看得完”的意思是“能看完”。

②避免使用专用术语。采用日常使用的普通语言与家长交谈，家长听<得懂>。

这里“听得懂”的意思是“能听懂”。

以上二例是在结果补语前加上助词“得”作能力补语的例子。

③这个行李箱太重，我拿<不动>。

这里“拿不动”的意思是“没有能力拿动”。

④该记的记<不住>，该忘的忘<不了>！

这里“记不住”的意思是“没有能力记住”；“忘不了”的意思是“没有办法忘”，属于办法补语。

以上二例是在结果补语前加上否定副词“不”作能力补语的例子。

⑤这座山这么陡，你上<得去>吗？

这里“上得去”的意思是“能上去”。

⑥这座山太陡，你上<不去>。

这里“上不去”的意思是“没有能力上去”。

以上二例是在趋向补语前加上助词“得”或否定副词“不”作能力补语的例子。

（2）办法补语

这类补语用来表示是否有做某事的办法。这种补语可以简称为“办法补语”。办法补语强调的是由于客观条件具备或不具备而有或没有做某事的办法。

第一，由助词“了”充当。

在谓语动词的后面加上助词“得”（de），再加上助词“了”（liao），说成“V得了”，表示有做某事的办法；在谓语动词的后面加上“不了”，说成“V不了”，表示没有做某事的办法。例如：

①铁路部门表示，春节期间，将增加临时客车，一定让旅客走<得了>、走<得好>。

这里“走得了”的意思是“能走”，表示有办法走（就是有交通方面的保证）。后面的“走得好”的意思是“能走好”（走得顺利），表示有办法走好。

②医生，你一定能治<得了>她的病，你救救她，救救她吧！

这里“治得了”的意思是“能治”，表示有办法治。需要指出的是，前面的助动词“能”也表示有办法的意思，所以“治”的后面本来不需要再加办法补语“得了”，应该从“能”和“得了”当中删掉一个。

以上二例用“得了”作补语表示有做某事的办法的例子。

③她们都有事来<不了>，我们自己吃吧。

这里“来不了”的意思是“不能来”，表示没办法来（因为没时间，或有别的事情等等）。

④没有车了，今晚上你走<不了>了，就在这儿住一晚吧。

以上二例是用“不了”作补语表示没有做某事的办法的例子。

第二，在结果补语或超向补语前加上“得”或“不”。

在谓语动词的结果补语或趋向补语的前面加上助词“得”（de），表示有做某事的办法；或者在谓语动词的结果补语或趋向补语的前面加上否定副词“不”，表示没有做某事的办法。例如：

①经过诊断，大夫认为老人的病完全治<得好>。

这里“治得好”相当于“能治好”，意思是有办法治好。

②这些文学家的生活经历和创作道路，不是三言两语写<得完>的。

这里“写得完”相当于“能写完”，意思是表示有办法写完。

以上二例是在结果补语前加助词“得”表示有做某事的办法的例子。

③村里很多青壮年得了一种怪病，发烧、拉肚子，怎么也治<不好>。

这里“治不好”意思是“没有办法治好”。

④三天时间写<不完>两篇文章。

这里“写不完”的意思是“没有办法写完”。

以上二例是在结果补语前加否定副词“不”表示没有做某事的办法的例子。

⑤扩建机场，增开航班，让客人进<得来>出<得去>。

这里“进得来”相当于“能进来”，意思是“有办法进来”；“出得去”相当于“能出去”，意思是“有办法出去”。

⑥大门紧闭着，厂外有车进<不去>，厂内有车出<不来>。

这里“进不去”“出不来”的意思是“不能进去”“不能出来”，表示没有办法进去、出来。

以上二例是在趋向补语前加上助词“得”或否定副词“不”作能力补语的例子。

（3）可行性补语

这种补语用来表示做某事是否具有可行性，也就是做某事是否会有不好的结果。这种补语可以简称为“可行性补语”。这种补语通常由助词“得”（de）充当，表示做某事不会有不好的结果，或者由“不得”充当，表示做某事会有不好的结果。例如：

①转基因食品吃＜得＞吃＜不得＞？

这里“吃得吃不得”相当于“能吃不能吃”，表示吃了转基因食品以后会不会有不好的结果。

②那个地方去＜得＞去＜不得＞？

这里“去得去不得”相当于“能去不能去”，表示去了以后会不会有不好的结果。

③老虎的屁股摸＜不得＞。

这里“摸不得”的意思是“不能摸”，表示摸了以后会有不好的结果。

④面对这样一只狡猾的狐狸，我们大意＜不得＞。

这里“大意不得”相当于“不能大意”，表示大意会有不好的结果。

有一些前提补语（可能补语）实际上是用助词“了”（liao）和“得”（de）代替助动词“能”，而之所以用“了”和“得”代替“能”，是因为“能”的语法意义太多，有时容易混淆。如“不能来”既可以表示“不可能来”的意思，又可以表示“没有办法来”的意思，有时听者可能分不清说话者用的是哪个意思，因而人们用“来不了”代替“不能来”，表示“没有办法来”的意思，就避免了混淆。再如“不能走”既可以表示“走会有不好的结果”的意思，又可以表示“没有办法走”的意思，因而人们用“走不了”代替“不能走”，表示“没有办法走”的意思，就避免了混淆。但是，在有些方言区，不需要用“得”代替“能”的时候也用“得”代替“能”，如用“拿得动”代替“能拿动”，用“买得起”代替“能买起”，用“看得完”代替“能看完”，用“听得懂”代替“能听懂”，用“看得见”代替“能看见”，用“大意不得”代替“不能大意”，用“爬得上去”代替“能爬上去”，用“感觉得出来”代替“能感觉出来”，用“看得出来”代替“能看出来”，用“吃得吃不得”

代替“能吃不能吃”，用“去得去不得”代替“能去不能去”，等等，实在是没有必要。遗憾的是，这些来自方言的用“得”代替“能”的说法进入了某些对外汉语教材的课文中，额外增加了汉语学习者的负担。

（4）机会补语

这类补语用来表示是否有做某事的机会。如果有做某事的机会，一般用“上”作谓语动词的补语，前面加上助词“得”（de），说成“V 得上”；如果没有做某事的机会，一般在谓语动词后加上补语“不上”，说成“V 不上”。例如：

①坐得住“冷板凳”，才能吃＜得上＞“冷猪肉”。

这里“吃得上冷猪肉”的意思是“能吃上冷猪肉”，表示有吃“冷猪肉”的机会（有机会吃“冷猪肉”）。

②我想，北京 2008，我还赶＜得上＞。

这里“赶得上”相当于“能赶上”，意思是“有赶上的机会”（有机会赶上）。

以上二例是用“得上”作补语表示有做某事的机会的例子。

③为了抓捕罪犯，警察们经常吃＜不上＞饭、喝＜不上＞水。

这里“吃不上饭”“喝不上水”的意思是“没有吃饭的机会”（没有机会吃饭）“没有喝水的机会”（没有机会喝水）。

④病人再也不用因为挂＜不上＞号、住＜不上＞院、做＜不上＞手术而托关系走后门了。

这里“挂不上号”“住不上院”“做不上手术”的意思是“没有挂号的机会”（没有机会挂号）、“没有住院的机会”（没有机会住院）、“没有做手术的机会”（没有机会做手术）。

⑤有些知识现在学了可能用＜不上＞，但不等于将来用＜不上＞。

这里“用不上”的意思是“没有用的机会”（没有机会用）。

以上三例是用“不上”作补语表示没有做某事的机会的例子。

4. 时间补语

时间补语用来说明事件发生的时间，事件发生以后已经过去的时间量，事件发生的时间与约定的时间相差的时间量，等等。这类补语主要由表示时间的数量短语来充当。

（1）说明事件发生的时间。

这种时间补语由介词“于”或“在”加上时间名词或时间名短语构成，例如：

①聂耳出生＜于 1912 年＞。

②天安门广场中心的人民英雄纪念碑建成＜于 1958 年＞。

③这次革命发生＜在 1911 年＞，这一年是辛亥年，所以叫作辛亥革命。

需要指出的是，将事件发生的时间放在谓语中心的后面作补语，这种语序来自古代汉语，主要在书面语中使用。

（2）说明事件发生以后已经过去的时间量。

这种补语用来说明从事件发生到某个时间为止已经过去的时间量，如果没有指明截止的时间，截止的时间通常就是说话的时间。例如：

①他已经回来＜好几天＞了。

这句是说，从“他”回来到“现在”，时间已经过去好几天了。以下依此类推：

②我已经来了＜一个多月＞了。

③他们已经结婚＜一年多＞了。

④这篇文章已经写完＜一个多月＞了。

需要指出的是，这种时间补语看起来像是时量补语，但它能回答“事情是什么时候发生的”问题，所以它实际上是时间补语。例如：

⑤ A：你这篇文章什么时候写完的？ B：已经写完＜一个多月＞了。

从这里我们可以清楚地看出，这种说明事件发生以后已经过去的时间量的补语属于时间补语。我们再看看时量补语的例子：

⑥ A：你这篇文章写多长时间了？ B：已经写了＜一个多月＞了。

这里补语“一个多月”表示“我”写这篇文章所持续的时间量，属于时量补语。

（3）说明事件发生时间与预定或参照的时间相差的时间量。

这种补语用来说明事情发生的时间比预定或参照的时间早多少或晚多少。例如：

①迟到＜三十分钟以上＞不得进考场。

这里补语“三十分钟以上”表示到达考场的时间比规定的时间晚三十分钟以上。

②这趟列车晚点<一个小时>。

这里补语“一个小时”表示列车到达的时间比预定的时间晚一个小时。

③学校要求监考教师提前<二十分钟>到考场。

④郑和航海比哥伦布的探险航海早< 87 年>。

这里“郑和航海”是由“郑和航海的时间”省略成的，后面的比较对象应该是“哥伦布探险”，原文在“哥伦布”的后面误加结构助词“的”。

（4）说明或评价行为发生时间的早、晚。

这类结果补语用来说明或评价行为发生的时间相对于预定时间早还是晚。

①你来<早>了，他来<晚>了。

这里的两个补语分别用来说明“你”和“他”来到的时间（比预定的时间早和晚）。

②你来得<早>，他来得<晚>。

这里的两个补语分别用来评价“你”和“他”来到的时间（比预定的时间早和晚）。

③你来得<真早>。

这里的补语用来评价“你”来到的时间（比预定的时间早）。

④我来得<不是时候>。

这里的补语用来评价“我”来到的时间（不是合适的时间，应该早一点或晚一点，而不应该是现在这个时间）。

5. 持续补语

持续补语是加在动词的后面，表示动作行为持续地进行的补语。这类补语主要由趋向动词和趋向动词短语“上”“开”“起来”“下去”等充当，用来强调行为、变化持续一段时间。例如：

①爸爸责备了她几句，她就呜呜地哭<上>了。

这里“哭上”的意思是“持续地哭”，表示哭的时间比较长。

②说着说着，她就哭了<起来>。

这里“哭了起来”的意思也是“持续地哭了”。表示“持续”意义的“起来”和表示持续意义的“上”意义相同，但是用“上”作持续补语的时候整个句子有一种厌烦的语气（如例①，表示对“她”不停地哭的厌烦）。

③她觉得很委屈，就哭<开>了。

这里“哭开”的意思也是“持续地哭”，但因为“开”有“敞开”“放开”的意思，能使人觉得“哭开”是没有节制地哭，所以觉得比“哭上”“哭起来”持续的时间更长。

④这时，电话铃响了<起来>。

这里“响了起来”的意思是“持续地响了”。

⑤汉口的天气虽是一天一天地热<起来>，汉口的市面却是一天一天地冷<下去>。

这里“热起来”的意思是“持续地变热”，“冷下去”的意思是“持续地变冷”。值得注意的是，虽然“下去”和“起来”都可以表示行为、变化持续的时间较长的意思，但“起来”表示行为、变化刚开始并持续进行的意思，“下去”则表示行为、变化已经持续了一段时间，又再持续一段时间。再如：

⑥今年真热呀！再热<下去>，可真把人活活热死了！

这里“热下去”的意思是“继续热一些天”。

⑦你说得不错，说<下去>！

这里“说下去”的意思是“继续说”。

⑧我不能死，我要活<下去>。

这里“活下去”的意思是“继续活”。

下面做一些补充说明

有些学者认为，“起来”作补语表示与行为、变化的过程有关的意义时，它的语法意义是表示行为、变化的开始。这其实是一种误解，这种误解还导致汉语学习者在“起来”的使用上发生偏误。

第一，我们来对比一下语境相似而“起来”有无的例子，就可以发现“起来”只表示行为、变化持续进行，而不表示行为、变化开始。

①郑涨钱也顾不得大菱汤又苦又涩，端起来就喝了。

这里陈述的是郑涨钱（人名）把一碗大菱汤喝了的事实，含有一口气喝下去的意思。

②村松回来后，山井邦子沏了一壶茶，两个人就喝了<起来>。

这里在“喝了”的后面加上了趋向补语“起来”，表示两个人一口一口地、一杯一杯地持续地喝这壶茶。如果去掉这个“起来”，则表示两个人一口气把一壶茶喝了下去。

第二，当人们需要表示一个已经开始了的行为中断以后再接着进行一段时间的意思时，经常在谓语动词后加上“起来”，从中我们可以看出，“起来”并不表示“开始”的意义。例如：

①他抹掉脸上的泥沙，又继续干＜起来＞。

这里是说，“他”在干活的过程中，停了一下，抹掉脸上的泥沙，然后继续干。既然是继续干，就不是刚开始干，“干起来”显然不是表示开始干的意思，而是表示持续地干、不停地干。再如：

②一会儿，陈毅同志走了，恩来同志又继续和我谈了＜起来＞。

③总政治部的党委扩大会议接着开了＜起来＞。

④罗维民不由自主地又接着往下翻看了＜起来＞。

上面三例中，谓语中心前的“继续”“接着”清楚地表明“谈”“开”“翻看”的行为中断之后继续进行，后面的“起来”显然表示继续进行之后，持续了一段比较长的时间，而不是刚开始进行。

第三，“开始”和“起来”不能互换，也说明“起来”不表示行为、变化开始。“开始”通常用来表示着手实施计划中的或日程中的行为，而“起来”通常用来强调临时性的行为、变化持续地进行，而不是计划中的或日程中的行为开始进行。例如：

①科纳雷总统应杨尚昆主席邀请于今天抵京，开始对中国进行正式访问。

②这个音乐会自十一月五日开始举行，历时九天。

③本法庭听证结束，现在开始判决。

④天刚亮，他又不顾一夜的疲劳，开始喂猪了。

⑤每到傍晚，懒猴开始进行觅食活动。

以上五例都是用“开始”强调着手实施一件计划中的或日程中的行为，其中的“开始”都不能用“起来”替换，如不可以说“对中国进行起正式访问来”“他又不顾一夜的疲劳，喂起猪来了”等，否则计划中的或日程中的行为就成了非计划中的或非日程中的行为，成了随机性的行为。

由于“起来”通常用来强调随机性的行为的持续，因而“起来”也不可以换成“开始”，这也可以说明“起来”不表示“开始”的意思。例如：

⑥我听了主席幽默风趣的谈话，不禁笑了<起来>。

这里“起来”表示“笑”的行为持续了一会儿，也就是表示笑的时间比较长，如果说成“开始笑了”，则表示这个笑是事先计划好了的，而实际上并非如此，是主席的话幽默风趣使“我”笑的。

⑦他见了从前的伙伴，十分高兴，于是便和他们一起玩了<起来>。

这里“起来”表示“玩”的行为持续了一段比较长的时间，如果说成“开始玩”，则表示“他”这次是事先计划好了的，而实际上并非如此，是因为“他”非常高兴才和“他们”一起玩的。

⑧我们在外景地等戏的时候，不知怎么打发无聊的时间，于是我们便聊了<起来>。

这里“聊了起来”是“聊了一段比较长的时间”的意思，如果说成“开始聊了”，则表示“我们”这次“聊”是事先计划好了的，而实际上是“我们”为了打发无聊的时间才聊的。

第四，行为、变化开始发生之后，往往还会进一步发展，因而动词“开始”不仅能表示行为、变化开始发生，还能表示行为、变化会进一步发展，而“起来”只强调行为、变化开始后的持续，不强调是否加深。例如：

①广告一登出来，电话铃就开始响了——都是来问我那只“丑陋”的小狗是否还在。

这里“电话铃开始响了”不仅可以表示开始有人打来电话，同时能表示还会继续有人打来电话。而如果说成“电话铃响了起来”，则表示电话铃持续地响，而不是响了一下就停了。试比较：

②这时，电话铃响了<起来>。

这里“电话铃响了起来”表示电话铃声持续地响了。“起来”只表示这一次电话铃响的情况，至于以后是否还会继续有人打来电话，“起来”是不能表示的。

③就在这个节骨眼上，她说话的声音突然开始颤抖，跟着变得沙哑<起来>，像在呜咽抽泣似的。

这里说“她说话的声音突然开始颤抖”，表示“她”说话声音刚开始颤抖，还会进一步加重，而如果说成“颤抖起来”，则表示“她”说话的声音持续地颤抖，不表示会进一步加重。后面的“变得沙哑起来”表示声音从颤抖变成沙哑之后，持续了一段时间。试比较：

④ 14 时 50 分，大地突然颤抖<起来>，8 架机身涂满红、白、蓝三色的阿尔法喷气式战机掠过跑道，利剑一般刺向蓝天。

这里说“大地突然颤抖起来”，表示大地持续地颤抖，但不表示还会加剧。

⑤一想起今天下午，她的脸又开始红了。

这里说“她的脸又开始红了”，表示“她”的脸刚开始变红，还会变得更红，而如果说成“她的脸又红了起来”，则表示“她”脸红的状态又持续了一段时间。试比较：

⑥一席话说得这位“开国元老”脸红了<起来>。

这里“脸红了起来”的意思是脸红的状态持续了一段时间，而不表示还会变得更红。

⑦晚上聚在一起喝了点啤酒和葡萄酒，大家的话开始多了。

这里说“大家的话开始多了”，表示大家的话刚开始变多，还会越来越多。而如果说成“大家的话多了起来”，则表示话增多之后，话多的状态持续了一段时间。试比较：

⑧喝了几杯，我们都有了些醉意，话便多了<起来>。

这里“话便多了起来”强调话多的状态持续了一段时间，而不表示还会越来越多。

第五，“开始”可以用来强调非持续性的行为、变化的开始，而“起来”不能，说明“起来”并不表示行为、变化的开始。

虽然非持续性的行为、变化发生之后就结束了，没有明显的开始、持续和结束阶段，但有时一种行为、变化发生之后，行为、变化的主体会增多（也就是会有更多的人继续做出这种行为或发生这种变化），有时行为、变化的结果会加深，于是人们在谓语中心的前面加上动词“开始”来表示这两种情况，而“起来”表示的是行为、变化持续进行，不能用在非持续性动词的后面，这两种情况都不能用“起来”表示。例如：

①不断增加的美国增援部队开始到达。

这里是说一部分增援部队已经到达，这只是增援部队到达的开始，后面还有更多的增援部队将陆续到达。

②刘三姐十八岁之后，远近的人们才开始知道她。

这里是说一部分人已经知道刘三姐，这只是人们知道刘三姐的开始，以后还会有更多的人知道刘三姐。

③我开始看见一个新的境界，认识了个更大的宇宙。

这里是说“我”看见了一个新的境界、认识了个更大的宇宙，这只是个开始，以后“我”会看得更清楚、看得更明白。

以上三例中的“开始”都不可以换成“起来”，不可以说成“到达起来”“知道起来”“看见起来”，因为“到达”“知道”“看见”都是非持续性动词，“到达”“知道”“看见”的行为都是不能持续的。

④北京时间 2 时 48 分初亏，月亮开始进入地球的黑影，发生圆亏变化；3 时 52 分食既，月亮全部进入地球的黑影，红月开始浮现；4 时 30 分食甚，月亮进入离地球黑影中心最近处；5 时 08 分生光，月亮开始离开地球的黑影；6 时 12 分复圆，月全食结束，一轮满月重现天空。

这里“月亮开始进入地球的黑影”是说，月亮不是一下全部进入地球黑影的，而是月亮的一侧边缘先进入地球黑影，这是月亮进入地球黑影的开始；而月亮全部进入地球黑影的时候，月亮变红了，即“红月开始浮现”但这也只是个开始；等月亮进入离地球黑影中心最近处的时候，会变得更红；而“月亮开始离开地球的黑影”是说，月亮不是一下离开地球黑影的，月亮的一侧边缘刚从地球黑影中出来的时候，只是离开地球黑影的开始，月亮要全部离开地球黑影需要一段时间。这三个“开始”都不能换成“起来”，不可以说成“进入起来”“浮现起来”“离开起来”，因为“起来”表示行为变化持续地进行，而且没有一定的截止时间，而月亮完全进入地球的黑影红月变得更红、月亮完全离开地球的黑影虽然需要一段时间，但也是有一定截止时间的。

⑤院里开始有说笑的声音和歌声。

这里是说院里有了说笑的声音和歌声，这只是个开始，以后还会有更多的说笑的声音和歌声。这里的“开始有”不可以说成“有起来”，因为这里要表示说笑的声音和歌声从无到有的变化，只要有了说笑的声音和歌声，无论多少，“有”的变化就已经完成了，不需要强调它的持续。

⑥在中国，到了清代才开始出现用玻璃制造的镜子。

这里是说清代出现了用玻璃制造的镜子，这只是个开始，后来出现了更多的用玻璃制造的镜子。这里的“开始出现”不可以说成“出现起来”，因为这里要表示用玻璃制造的镜子从无到有的变化，只要有了用玻璃制造的镜子，无论多少，“出现”的变化就已经完成了，不需要强调它的持续。

（二）补语的省略

补语是对动作行为、变化以及性质状态进行补充说明、描写、评价的句法成分，一般不可以省略。不过，在口语中，当对行为主体的行为方式以及行为、变化等的结果进行贬低性或责备性的描写的时候，为了避免使对方或相关的人不愉快，常将相应的描写性方式补语和描写性结果补语省略。例如：

①看你急得！

这里“急得”后面省略了“坐立不安”之类的描写性方式补语。

②看把你急得！

这里“急得”后面也是省略了“坐立不安”之类的描写性方式补语。另外“把”的前边省略了主语“这事儿”之类的。

③你看你吃得！

这里“吃得”后面省略了“狼吞虎咽”之类的描写性方式补语或“快胖成个猪了”之类的描写性结果补语。

④看你的头发乱得！

这里“乱得”后面省略了“像个鸡窝”“像一堆稻草”之类的描写性方式补语。

⑤你看她的脸红得。

这里“红得”后面省略了“像煮老了的猪肝”“像煮熟了的虾”之类的描写性方式补语。

（三）补语与宾语的排列次序

当一个及物动词后面既需要出现宾语又需要出现补语的时候，为了突出行为与结果、行为与实现的可能性、行为与次数、行为与持续的时间量、行为与趋向等的联系，人们一般将补语直接放在动词的后面，而将宾语放在补语的后面。如“煮＜熟＞鸡蛋、推＜倒＞围墙、砸＜碎＞玻璃、听＜到＞声音、看＜得见＞大海、写<不完>作业、去过<一次>北京、去了<一趟>学校、一年开<一次>花、我等了<好几个小时>飞机”等。但以下几种情况例外。

第一，如果要强调动作行为的次数、持续的时间量等，动量补语要放在宾语的后面，从而让它出现在句末，而句末是听者或读者注意的焦点，这样就能引起听者或读者对动量的充分注意。例如：

①我已经去过北京<两次>了，明年我还要再去北京。

②我只去过中国<一次>。

③我平均每天使用电脑< 15 小时>。

第二，如果宾语是人称代词和指人名词时，补语通常放在宾语的后面。例如：

①我等了你<好几个小时>。

②我见过这个人<两次>。

③我等校长<半天>了。

第三，如果作补语的数量短语中的量词不是专用动量词，而是借用动量词，人们更习惯于把它放在宾语后。例如：

①他狠狠地踢了狗<一脚>。

②他打了歹徒<一棒子>。

③一个匪徒上去打了李老汉<一巴掌>。

④她奇怪地看了我<一眼>，点了点头。

⑤她偷偷看了站在她旁边的老张<一眼>，老李也抬头看了她<一眼>。

不过，“一眼”有时也放在宾语的后面。例如：

⑥他偷偷看了<一眼>坐在旁边的省委领导。

第四，在祈使句中，趋向动词“来”“去”充当趋向补语的时候，要放在宾语的后面。例如：

①送感冒药<来>。

这是命令句，要求对方把感冒药送过来。试比较：

②他送<来>感冒药。

这是陈述句，陈述“他把感冒药送来”这件事。

③送感冒药<去>。

这是命令句，要求对方把感冒药送过去。试比较：

④他送＜去＞感冒药。

这是陈述句，陈述“他把感冒药送去”这件事。

第五，当宾语表示的是处所时，趋向补语“来”“去”一般放在宾语的后面。例如：

①他回家＜来＞了。

②他回家＜去＞了。

③他进屋＜来＞了。

④他进屋＜去＞了。

以上我们举例说明了汉语的主语、谓语、宾语、定语、状语、补语六种句法成分，其中主语和谓语是句子成分，也是主谓短语的成分，而宾语是动宾短语的成分，定语是定中短语的成分，状语是状中短语的成分，补语是中补短语的成分。除此之外，还有定语和状语所修饰的成分与补语所补充说明的成分，相对于定语、状语和补语来说，这些成分都是中心语。中心语都是由名词、动词、形容词充当的，相对来说，中心语是静止不变的，变的只是定语、状语、补语。

第二章　语法教学的原则

本章主要介绍语法教学的原则，主要从五个方面进行阐述，分别是语法点确定的原则、语法点编排的原则、语法点讲解的原则、语法点课堂练习的原则、语法点课后练习的原则。

第一节　语法点确定的原则

一、循序渐进、复式递升

循序渐进、复式递升，这是就语法教学的总体安排而言的，即将语法教学划分为与学习者水平相对应的若干个阶段（比如初级、中级和高级），每个阶段有不同的任务和目的，按照一定的原则将各语法点分布在各个阶段内，使语法教学逐层推进。一些复杂的、难以掌握的语法项目，则分散在不同阶段教学，进行适当重复。

语法教学之所以要循序渐进、复式递升，首先，因为语法知识繁多，而初级阶段的教学时间有限，不可能在短时间内全部都学完，否则会加重学习者的学习负担，影响学习效果。其次，初级阶段学习者的词汇量还非常有限，教师很难对初级学习者进行较为深入的语法讲解，而且语法练习也会受到学习者词汇量的限制，难以练得充分，所以初级阶段只能给学生教授最基本的语法知识。最后，学习者对语法知识的认知和掌握，本身也需要有一个逐渐加深的过程，不可能一蹴而就。而对一些较难掌握的语法规则进行适当重复，能够帮助学习者更好地掌握和记忆相关的语法知识，提高学习效果。

二、针对性

吕文华在谈到教科书中的语法点时曾指出："教科书与语法书的最大区别就在于它用于教学，它必须适应于一定的教学目的、教学对象。"[①] 也就是说教材中的语法点一定要有针对性。初级汉语教材在确定语法点时也同样要从学生出发，要有针对性。前面说过留学生将来从事汉语研究或教学工作的毕竟是极少数，他们一般都是想在一定的时间内掌握汉语的一些语法难点，迅速提高语言表达能力，至于汉语的语法系统是怎么回事，他们并不关心也没有必要关心。因此初级汉语教材在确定语法点时，就不能注重汉语语法的系统性，应该对《大纲》中所列的甲级语法项目进行筛选，尽可能把学生学习汉语的难点挑选出来，作为语法点在课文中进行重点讲解。一些非语法难点，尽管《大纲》也作为语法项目列出来了，也可以不去考虑。只有这样，才能做到突出重点，有的放矢，加深学生对一些语法难点的印象。要使语法点的确定真正做到有针对性，必须打破传统观念，放弃过去那种大而全的做法。另外，还要加强语言对比研究，只有"知己知彼"才能抓住汉语语法的重点和难点，也才能在确定语法点时做到有针对性。否则，"针对性"只能是一句空话。

第二节 语法点编排的原则

编排要做到兼顾形式、语义和语用。语法单位，无论是词、词组还是句子，都包含着形式、语义、语用三个不同的层面：有一定的结构形式，表达一定的意义，还有一定的使用环境。

以"动词重叠式"这个语法点为例。从形式上来说，它有一定的重叠方式，或者是AA式，或者是ABAB式；从语义上来说，它表示一定的语法意义：(1）动作为已然，表示动作的短暂、轻微。比如：她不好意思地笑笑，眨眨眼睛，红了脸。他朝我点了点头。姐姐看了看我，无可奈何地摇摇头，叹了口气。(2）动作为未然，用来缓和语气，委婉地表达建议或愿望。比如：休息休息吧。让我看看。

① 杨德峰．初级汉语教材语法点确定、编排中存在的问题——兼议语法点确定、编排的原则[J]. 世界汉语教学，2001（02）：81 — 88.

你帮我看看吧。把这个菜给他尝尝。(3)表示经常性、反复主动进行的动作(无所谓已然或未然),重叠后表示这些动作在说话者看来很平常、轻松。比如:星期天我常常看看电视,听听音乐,休息休息。下班回家,洗洗衣服,做做饭,一会儿几个小时就过去了。从语用上来说,动词重叠式的使用要受到一定的语用限制,它只用于口语和文艺语体,不用于公文语体、政论语体及科技语体。

再比如"不是X吗"这个反问句式,它有一定的结构形式:"不是+X+吗?",表达一定的语法意义:不是+X+吗=X(实际意义与字面意义相反),具有一定的语用功能:用于表示"惊讶""不满"和"责怪"等语气。例如:

我不是买过票了吗?(你怎么又让我买?)

我不是已经告诉你了吗?(你怎么忘了?你怎么又问?)

你不是今天上午去北京吗?(你怎么还在这里?)

如果在进行课堂操练的时候,老师提问:今天天气怎么样?学生回答:今天天气不是很好吗?那就不恰当了,因为此时的答句并不带有"惊讶""不满"和"责怪"等语气。

因此,完整的语法教学应该包括形式、语义和语用三个方面,这三个方面的知识都需要让学生了解。如果学习者不清楚某一结构格式的语义特点、表达功能和使用环境,就可能造成语言表达失误或不得体。比如,有的留学生会说出"我生气了一点儿"这样的偏误句,其原因可能是学习者弄错了"有点儿"和"一点儿"的区别,也可能是学习者不了解"X+了+一点儿"结构的语用含义,以及嵌入该结构的词语性质。"X+了+一点儿"这一结构除表示程度较轻外,还有一种语用含义,即表示因偏离标准而令人不太满意,嵌入该结构的词语"X"一般为形容词,如:

高了一点儿/矮了一点儿/大了一点儿/小了一点儿

冷了一点儿/热了一点儿/复杂了一点儿/简单了一点儿

难了一点儿/容易了一点儿

而"我生气了一点儿"这句话并不表示偏离标准之意,且"生气"是心理活动动词,不是形容词,所以不能使用上述结构,应改为"我有点儿生气"。

李泉指出:"完整的语法教学决不仅限于语言的结构形式及其规则的教学(事实上语言教学在许多情况下正是如此),语法教学的内容还应包括语言形式的表意功能，语言形式运用的条件和限制，乃至语言形式使用方面的文化规约。”①

吴中伟也指出：“我们这里所说的语法教学不仅仅指句法平面，也包括语义平面与语用平面；不仅仅局限于句子结构规则，也包括语篇规则。有时，一个句子从句法上看也许没有问题，但是结合词语的语义关系、指称特点、信息焦点等，它就不一定能成立。”②

语法教学中对语言结构的讲解和操练，总的来说涉及结构、语义和语用三个层面，但就某个具体的语法点而言，可以有所侧重。有的语法点可能侧重语义，有的侧重形式，有的侧重语用。当然，也有可能是形式与语义并重，或者形式与语用并重。

侧重结构格式的语法点，可以以“比”字句为例。“比”字句的句式语义很容易理解，语用环境也容易把握，但其结构形式多样，可以细分为以下几种：

（1）A 比 B + adj.。

（2）A 比 B + adj.+ 多了 / 得多 / 一点儿。

（3）A 比 B + adj.+ 数量短语。

所以，对于“比”字句来说，教学重点应该是结构形式。

侧重语义的语法点，可以以“就”和“才”为例。这两个词都是表示时间范畴的副词，可以用在动词前面做状语，形式和语用都不复杂，区别主要在语法意义上。“就”的语法意义是表示动作行为的早、快、容易，比如“她 6 点就来了”；“才”的语法意义是表示动作行为的晚、慢、难，比如“他 8 点半才来”。

侧重语用的语法点，可以以“真”和“很”的用法为例。这两个词都是表示程度的副词，可以用来修饰形容词作状语，二者的区别主要在语用环境上。“很”用于描述性的陈述句中，“真”用于表示感叹或称赞的感叹句中。学习者如果不清楚这一区别，就可能说出“xx 大学是一所真好的大学”这样的偏误句。这是一个“是”字句，其功能在于表示判断，而不是表示感叹，与“真”的用法相矛盾，所以造成偏误。这个句子的修改，或者改变句式，使用形容词谓语句（xx 大学真好！），或者将“真”改为“很”，“很”可用于客观描写的句子。

形式、语义并重的语法点，可以以“连动句”为例。连动句的结构形式并不

① 李泉．对外汉语教学理论思考 [M]. 北京：教育科学出版社，2005.

② 刘玉屏．汉语作为第二语言语法教学 [M]. 北京：中央民族大学出版社，2017.

复杂，就是两个或两个以上动词连用，不像英语那样有非谓形式问题。但是，连动句的语义关系较为复杂，除了表示动作的先后顺序（“他开门出去了”）以外，还有两种基本语义关系需要强调：（1）两个连动项之间是动作与动作方式的关系；（2）两个连动项之间是动作与动作目的的关系。这两种连动句的形式（语序）与语义之间的对应关系特别需要提示给学生：如果表示的是动作与动作方式的关系，形式上就是方式在前，动作在后；如果表示的是动作与动作目的的关系，形式上就是动作在前，目的在后。例如：

他坐车去人民广场。（行为—方式）

他去人民广场坐车。（行为—目的）

有的留学生不清楚这两种连动句语序与语义之间的对应关系，说出“他去北京坐飞机”这样的偏误句。产生这样的偏误，可能与受到学习者母语（英语）的影响有关，如下所示：

他去北京坐飞机。（他坐飞机去北京。）

He goes to Beijing by plane.

（行为）　（方式）

结构、语义与语用并重的语法点，可以以“把”字句为例。“把”字句是汉语特有的一种句式，不仅结构形式复杂，句式语义也较复杂不易理解，而且使用“把”字句时还要受到一定的语用限制，教学中这三个方面都是重点，需要较为详细的讲解和大量的操练。

总之，语法教学中，绝不能仅仅让学生明白语法点的结构特征，能够说出语法上正确的句子就行了，更重要的是让学生明白语法格式的表达功能、语用环境和使用条件。不仅要用得正确，更要用得得体。

第三节　语法点讲解的原则

一、精讲多练

这主要说的是语法教学中“讲”与“练”的比例。语法教学需要讲解，更需要操练，二者的关系可以概括为“精讲多练”。

所谓“精讲”，涉及语法讲解在“质”和“量”两个方面的要求。一方面，要少讲，这是“量”的方面的要求。也就是说，一次课上，教师所讲的语法知识不能太多，讲解所占用的课堂时间也不能太多。语法是第二语言教学中最容易让教师有“讲”的冲动的部分，但如果教师讲得太多，就会挤占学生操练和应用的时间，不利于学习者语言能力的培养。另一方面，语法讲解的方法要精当，这是“质”的方面的要求。要结合教学内容和学习者的特定情况，恰当地选择语法讲解的策略和方法，确保讲解明白、易懂。总体而言，在语法教学中，教师应该注重引导与点拨，避免灌输式教学。

陆俭明指出：“不是将所有规则都告诉学生，只把最要紧的告诉学生。表述要浅显易懂，少用语法术语。在对外汉语教学中，不要大讲语法，特别是不要一条一条地大讲语法规则，而要善于点拨。这对一个汉语老师来说，要求不是低了，而是高了。”①

所谓“点拨”，就是用最少的、最简单易懂的话语将语法规则的要点解释清楚。这就要求汉语教师，一方面要对有关的语法规则非常熟悉；另一方面要掌握必要的语法教学技巧和手段。在教学实践中我们发现，那些得到学习者认可的好老师，大多都是善于“点拨”的老师。而新手教师在教学中遇到的一个常见问题，就是不善于“点拨”，对于学生提出的一些问题，往往越想解释清楚，却越是解释不清楚。

另一个要求是“多练”。学习语言相当于学习一种技能。大部分的技能学习都要经历以下三个阶段：学习陈述性知识→陈述性知识的程序化→程序性知识的自动化。陈述性知识就是关于某个事实、规则的知识，程序性知识是运用已有的知识去实际做一件事的能力。从第一个阶段达到第二个阶段，以及从第二个阶段达到第三个阶段，都需要经过大量反复的练习。比如，一名大学新生来学校报到以后，需要找到学校的食堂吃饭。第一次去食堂之前，他会向其他同学打听去食堂怎么走，别人告诉他的路线就是一种陈述性知识。然后，他按照别人告诉他的路线去寻找食堂，边走边想着应该怎么走，最后找到了食堂，这个过程就是陈述性知识的程序化，此时陈述性知识已经转化为程序性知识。以后他每天都去食堂

① 陆俭明．现代汉语句法论 [M]. 北京：商务印书馆有限公司，2022.

吃饭，几天以后，他再去食堂时，已经不需要思考去食堂的路线是什么样的，而是可以自动地走到食堂，这时就达到了程序化知识的自动提取。

同样，语言学习也需要经历这样的三个阶段，才能达到自动提取第二语言相关知识的目的。以“把”字句的学习为例，需要经历以下三个阶段：

教师讲授“把”字句的结构规则→学习者试着用“把”字句表达→学习者自如地应用“把”字句。

语法学习中，从第一个阶段到第二个阶段，乃至从第二个阶段到第三个阶段，都需要大量的操练和反复的实践，才能使陈述性的语法知识达到程序化和自动化的程度。学过英语的人都知道，当主语为第三人称单数时，谓语动词要加“-s”，可是要是真的说起英语来，人们常常会把“-s”忘记，这主要是因为学习者的这方面知识还没有达到自动化的程度。再比如，以英语为母语的汉语学习者在初级阶段常常会说“她是漂亮”。尽管老师一再强调汉语做谓语的形容词前面不必加“是”，可是学生还是常常出错，这也是因为学习者的这一知识尚未达到自动提取的程度。

语法能力不是靠教师讲出来的，而是靠学生练出来的。在语法教学中，教师的责任决不仅仅是把语法规则告诉学生，也不仅仅是帮助学生记住这些规则，而是要努力创造条件，让学生在尽可能接近真实的语境下，最大限度地练习、使用目的语，促进程序性知识的形成，以及程序性知识的自动化。

二、互动性和交际性

互动性和交际性之间存在密切的关系：互动的过程往往带有交际性，交际性往往通过互动来实现。但二者的侧重点略有不同，可以说，没有互动就没有交际，但有的互动并不是为了交际。

（一）互动性

互动式教学是一种把输入和输出有机结合起来的教学方法，有助于提高语言教学的效能。注重语言教学的互动性，其实是整个第二语言教学的一个基本原则，语法教学也不例外。互动在第二语言习得的过程中非常重要。克拉申提出“输入假说”，指出当学习者面对可理解性输入时，语言的习得才会发生。美国语言教育家斯旺（Swain）提出“输出假说”，认为在输入的过程中，人们仅仅关注意义的理解，而很少有意识地关注语言的形式方面，只有通过输出过程，学习者才能从单纯的意义理解走向语言形式的处理。朗（Michael Long）提出了“互动假说”，认为单纯的输入或单纯的输出，都不如输入与输出相结合的方式更有利于第二语言的习得，这种输入输出相结合的方式就是“互动”。①

互动假说认为第二语言习得是互动的结果。朗指出，学习者与其他说话人的互动是语言发展过程中至关重要的一环，特别是与比他水平高的说话人的互动。互动的过程可以让学习者接触到新的语言现象，尤为重要的是，在互动中产生的意义协商（negotiation for meaning）不仅可以提高输入的可理解程度，并且可以提供关于目的语形式与功能关系的重要信息。“通过意义协商，即使输入中含有学习者不认识的单字、没掌握的语法结构，它们也会变得易于理解；同时这种互动还可以诱导对话人对学习者表达中的错误做出诸如重铸（recast）等类型的反馈，这种反馈可以帮助学习者意识到输入与输出间的差距，引导他们注意这些引发问题的语言形式。”②

如下例：

A：我吃饭在学校的食堂。

B：你在学校的食堂吃饭。

A：对，我在学校的食堂吃饭。

上例中，说话人 B 给说话人 A 提供了一个“重铸”性反馈，促使说话人 A 能够正确输出目的语。此外，互动还可以避免灌输式教学的沉闷感，有助于活跃课堂气氛，激发学生的学习兴趣，降低语言学习的枯燥感。下面是关于“比”字句教学的两个案例，从中可以看出非互动式教学与互动式教学在教学效果上的区别。

【案例 1】

（上一课已经学习了生词和课文，课文内容是关于上海和北京四季气候的比较）

① 刘玉屏．汉语作为第二语言语法教学 [M]. 北京：中央民族大学出版社，2017.

② 刘玉屏．汉语作为第二语言语法教学 [M]. 北京：中央民族大学出版社，2017.

（1）展示语法点

教师：昨天我们学习了课文，知道了，上海和北京的天气不一样。有什么不一样？大家能说一下吗？

学生说出课文里的相关句子，教师把这些句子写在黑板上。

（2）教师讲解其中的格式。

（3）练习

①教师要求学生按照格式造句。

②教师要求学生准备5分钟后发言，比较一下家乡的气候跟当地有什么不一样。

【案例2】

（一个冬天的上午，教师和学生谈论气候）

教师：你家乡冬天冷吗？

学生：我家乡冬天冷 than here。

教师：我家乡比这儿冷。（板书：比 bǐ ，than）

学生：（学到了一个他觉得很有用的词，感到很高兴）哦，“比”……呃，我家乡冷比这儿。

教师：哦，你家乡比这儿冷。那么，夏天呢？

学生：夏天，我家乡凉快比这儿。

教师：比这儿凉快。

学生：比这儿凉快。

教师：大概多少度？

学生：大概20度。

教师：真凉快。这儿的夏天最高温度有35度呢。

学生：（惊讶）啊！

教师：所以，你家乡的夏天比这儿凉快，凉快多了——much more，对吗？

学生：对对，凉快——凉快多了。

（教师板书：……多了）

就上面的两个教学案例而言，案例2的教学互动性显然高于案例1，学生会比较愿意参与这样的教学中，教学效果自然也就更好。互动对于语法教学来说非常重要，是克服语法教学的枯燥感、提高教学效果的有效手段。语言教师在备课时，需要有意识地设计一些互动环节，不能只把自己讲授的内容准备好就行了。

语法教学中的互动，主要有“师—生”互动和“生—生”互动两种类型。

教师与学生的互动可以通过师生之间的问答来实现。主要是教师提问、学生回答，有时也可以是学生提问、教师回答。比如，在教授疑问句时，教师让学生用刚刚学习的疑问句向老师提问，想问什么就问什么，这样的互动性活动也是学生比较愿意参与的。

提问是第二语言教学中非常重要的一种教学手段，可以起到启发学生思考、引导学习者输出、组织课堂教学等重要作用，同时也有效地促进了师生之间的互动。在语法教学中，教师应该善于利用提问来增加课堂教学的互动性。教师在备课时，需要对提问进行精心的设计，要思考怎样提问才能确保学习者能够顺利地、正确地输出目标结构。比如，讲练“双宾语句”时，设计的情境为“张老师病了，同学们要去医院看望张老师”，目标句是“我送张老师……”，下面的两个提问方式，后者比前者更好。

①“你送什么？”

②“你送张老师什么？”

上面的两个问题，问题①，学生很可能用“我送花儿”或者“我送水果”等句子来回答，这样学生说出来的都不是双宾语句，无法达到操练目的。而在回答问题②时，学生更容易使用“我送张老师一束鲜花”或“我送张老师一些水果”等句子，这些都是双宾语句。

学生与学生之间的互动可以有很多种类型，小组活动是促进学生之间互动的一种有效手段。

（二）交际性

语言教学的最终目的是培养学习者用汉语进行交际的能力，这种能力的培养需要通过交际性教学的途径来实现。当学习者在交际过程中再次接触通过正规语法教学而学到的语法形式时，他们对这些形式的记忆就会加深，记忆时间会延长，而且使用这些语法形式的准确率也明显提高。

在各种教学法流派中，交际教学法最为强调语言教学的交际性，甚至提出“语言教学交际化”的口号。交际法认为，交际既是语言学习的目的，也是语言学习的手段。交际法主张在教学中创设接近真实交际的情景，并采用小组活动的形式，通过大量言语交际活动培养运用语言交际的能力，并把课堂交际活动与课外生活中的交际结合起来。在交际教学法影响下，人们普遍接受了这一理念。吕必松先生曾指出："现在的课堂教学，输入和输出都没有多少信息量，缺少语言交际的真实性，而第二语言教学又不能完全脱离课堂，所以解决问题的方法就是要尽力使课堂教学'交际化'。"①

课堂教学所处的环境虽然与现实生活中的交际环境不一样，但我们可以尽可能创设接近真实交际的情景，给学生安排一些交际性的活动，让他们用汉语去表达和交流，这对学习者真正掌握汉语是非常有帮助的。概括来看，语法教学的交际性，可以通过以下途径来实现。

1. 贴近真实交际的语言材料

语法教学中，教师提供给学生的语言材料，无论是讲解时用到的例句，还是练习中用到的各种词语或句子，都应该是真实交际中可能存在的，最好是真实交际中常见的。课堂教学中出现的语言材料，应该最大限度地贴近真实交际，这样才能保证学生在课堂上学到的东西是有用的，也只有这样，才能使学生始终对语言学习保持浓厚的兴趣。

比如，讲解"才"用在名词性词语前面表示数量少、程度低的用法时，可以用"今天才 10 度""我们班才 4 个男生"这样的句子作为例句，因为这样的例句符合现实情况，贴近学生生活，有助于激发学生的学习兴趣。

学习祈使句时，不能只带着学生练习下面的句子：请站起来！请打开门！请合上书！更应该教会学生说出"请给我一杯咖啡""请帮我拿一张纸"等礼貌地提出请求的句子，这些句子是学生在真实交际中更为有用的句子。

练习"数＋量＋名"结构时，可以提问"你有几个中国朋友""你家有几口人"等，这样的问题贴近学生生活，学生愿意回答，也容易回答。像"你有几辆自行车""你有几个哥哥"这样的问题就不太合适，因为一个人不太可能有多辆自行车，这样所有学生的回答就都一样了。还有，学生可能回答"我没有哥哥"，这样就达不到操练的目的了。

① 吕必松．汉语语法新解 [M]．北京：北京语言大学出版社，2015.

2. 贴近真实交际的情境

语法教学中，教师常常需要创设一定的情境来帮助学习者理解目标结构的含义和用法，这些情境也应该尽可能地贴近真实交际。比如，在操练“才”用在动词前表示数量少的用法时，教师可以设计如下的提问：

你有多少个中国朋友？

你家有几口人？

咱们班有几个男（女）生？

这些问题都与学习者的实际生活密切相关，比较容易引起学习者的兴趣。

3. 交际性活动

交际性活动有助于促进学生使用目的语进行交际的愿望，并通过交际活动发展交际能力。在交际性活动中，学习者有机会对目的语进行意义导向的应用，这有助于促进陈述性知识的程序化，以及程序性知识的自动化。

一位教师在讲授“这、那”的用法时，设计了一个交际性活动：教师要求学生每个人给她一样东西，然后将学生交来的东西都放在讲桌上，随机拿起一样东西，问学生“这是谁的……”，并要求这件物品的所属者先用“那是我的……”来回答。第一个学生回答后，教师让学生走上讲台，将物品还给这个学生，同时要求他重复教师的行为。这个学生就拿起讲桌上的另一件物品，问“这是谁的……”，后面的学生则重复他的行为，依此类推。这样每个学生都练习到了“这、那”的使用。学生参与的积极性很高，教学收到了很好的效果。

总之，在语法教学中，教师应该尽可能为学生提供真实交际中最常用的语言材料，创设贴近真实交际的情境，引导学生在各种交际性活动中，通过对目的语的大量应用来习得目的语的语法规则。要让课堂教学成为真实交际的预演场，并使课堂教学本身成为一种交际活动，这样学生才能把在课堂上学到的语法知识用到实际的交际中去，从而提高语言交际能力。

第四节　语法点课堂练习的原则

课堂时间非常有限，并且课堂练习也只是课堂教学的一部分，所以尽可能提高课堂练习的效率非常重要。效率是由简练、容易和效能三个因素综合而成的。

一、简练

这是指课堂练习越短越好。在任何一种技能培训中，简练都是一个关键因素。比如，在学习驾驶和计算机运用时，教员只讲一点儿知识，往往比讲一大堆知识更有效。教员讲得越多，学员反而越有可能变得糊涂。语言教学相当于技能培训，也需要遵守讲解简练的原则。

二、容易

这是指容易操作，强调的是可操作性。也就是说，教师在备课和利用教学资源方面要尽可能简练，设计的课堂练习也是越容易越好。如果教师的想法不错，但操作起来很复杂、很困难，学生思考需要花费非常多的时间和精力，那么它就不一定是最好的课堂练习方案。同样，教师设计的课堂练习也要方便学生的参与，应该努力让学生在比较容易的课堂练习中巩固所学的语言知识。

三、效能

效能是指通过课堂练习使学生真正理解并掌握语法规则。要做到这一点，需要考虑四个因素：注意、理解、记忆、动力。

“注意”是语言学习的必要条件，教师要尽可能引起学习者对语法形式或规则的注意，排除任何可能使学习者分心的因素。没有“理解”的注意也是浪费时间。所以，语法教学中教师还应注意背景信息的恰当介绍、讲解的质量并检查学生的理解情况。没有“记忆”的理解也同样是无效的，讲授的效能取决于它的可记忆情况。如果学习者“动力”不足，也会在很大程度上影响学习效果。所以，教师应该设法选择那些能吸引学习者的任务和材料，这些任务和材料应该是学习者愿意参与的、与他们的需求有关的、有可达到的目标的、有挑战性的，同时还应该提供必要的支持（包括语言的与非语言的材料）。

总之，教师提供的材料、设计的课堂练习要有助于促进学习者的注意、理解、记忆和学习动力。课堂练习的内容要足以引起学习者对语法规则的注意，能有效帮助学习者理解并记忆语法规则，还要能吸引学习者兴趣，提升其学习动力。做到了这些，就是符合了效能原则。

效率原则是“简练”“容易”和“效能”三个方面的综合，也就是说，要在尽可能短的时间里，采用尽可能容易的课堂练习，利用可以提升学习者学习兴趣的材料和方式，帮助学习者理解、记忆并最终掌握语法规则。

第五节　语法点课后练习的原则

课后练习需要结合学习者偏误。偏误是第二语言学习者规律性、系统性的错误。学习者在学习过程中出现的偏误，往往反映出他们在学习汉语过程中的认知规律，对这些规律加以归纳和分析，可以使我们的教学更有针对性，更加科学有效，收到事半功倍的效果。当然，这也对教师提出了更高的要求，要求汉语教师平时多关注和收集学习者常见的偏误类型，并具备一定的偏误分析理论知识。比如，我们知道学习者常出现下面的偏误：

我妈妈说我生在三点钟早上星期六,五月二十八号一九七六年。

这个偏误句主要是因为学习者受到母语语序的影响，属于母语的负迁移。针对这一情况，教师在教学中应引导学生关注汉语表达时间概念时的语序。

有时候，学习者会出现下面的偏误：

在北京有很多好玩的地方。（比较：在北京学习汉语）

在家里来了很多客人。（比较：在家里看电视）

在操场上站着很多运动员。（比较：在操场上跑步）

这几个偏误句的主要问题是在处所词语前面误加了介词“在”。汉语的处所名词可以做状语，也可以做主语。做状语时，处所名词对动作进行修饰，表示动作行为是在哪儿发生的；做主语时，处所名词是谓语陈述的对象，表示“谁”或“什么”的意思。做状语时可以前加介词，组成介词短语，做主语时不能前加介词。针对这种情况，教学中教师应该提醒学生，使用处所词语时要注意它是放在句子开头做主语，还是放在动词的前面做状语，做状语时前面可以加介词，做主语时前面不能加介词。

下面的偏误也较常见：

有的国家，男孩比女孩很厉害；有的国家，女孩比男孩很厉害。

这个偏误句属于“比”字句使用偏误。针对这样的偏误，教师在教授“比”字句时，应该提示学生，如果要使用“比”字句表示“两相比较，差异较大”，可以将“多了”“得多”放在形容词后面，但不能在形容词前面直接加“很”等表示程度的副词。

再比如下面的偏误：

我身体比你不健康。

他比我不能吃辣的。

他的专业比我不强。

这几个偏误句属于“比”字句的否定形式误用。针对这种情况，教师应提醒学生，“比”字句的否定形式是“A 没有 B + 形容词”，而不是“A 不比 B + 形容词”，同时还应给学生解释一下“A 不比 B + 形容词”的语义。

学习者的语法偏误，有的因母语的语种而异，有的则带有一定的普遍性。前者需要分别加以研究，关于后者，带有普遍性的错误往往出在比较体现汉语特点的那些语法规则上，比如汉语动词没有时态变化，那些表达时态意义的特殊表达方式，就是学生易于出问题的地方，汉语中特有的“把”字句、补语，也较难掌握。

第四章　语法教学的方法与技巧

本章主要介绍语法教学的方法与技巧，主要从四个方面进行阐述，分别是语法点导入的方法与技巧、语法点讲解的方法与技巧、语法点练习的方法与技巧、语法点课外练习的形式。

第一节　语法点导入的方法与技巧

导入是语法教学的第一个环节，指教师采用一定的方法将学习者的注意力引到语法点的学习上来，让学习者对语法点的形式、语义或功能有个初步印象，为后面的讲解做铺垫。它起承上启下的作用，标志着语法教学环节的开始。有人把它作为语法教学的一个独立的环节，也有人把它作为语法讲解的一个部分，将讲解划分为“导入”和“展开”两个部分。

导入的作用主要有如下两个：第一，增加课堂互动性，吸引学生注意力，活跃课堂气氛。它最大的好处是增加了语法教学的互动性，避免出现教师唱独角戏的局面。随着互动教学理念的深入人心，近年来人们越来越重视导入的重要性，导入的方法和手段也越来越多样。第二，帮助学习者理解语法点的用法，降低学习难度。导入过程往往提供了一定的语境，可以帮助学习者更好地理解语法点的结构、语义或用法。

一、常见的语法导入方法

（一）直接导入

这是最简单的一种导入方式。比如，“今天（现在）我们学习……”，然后板书一个课文中或自编的例子。这种导入方法比较简便易行，弊端是缺乏互动性。

（二）例句导入

用课文或自编的例句导入。比如，教师在讲解“动词重叠”这一语法项目之前，先带领学生复习刚刚学过的对话，然后用对话中“我能试试这件衣服吗”这句话作为例子，导入到动词重叠式。

（三）情景导入

教师创设一定的情景，然后从情景中引导出一个例句，利用情景帮助学习者更好地理解语法点的用法。根据创设情景手段的不同，又可以分为以下几种。

1. 行为演示导入

教师演示某个动作行为，要求学生说出教师做了什么，由此导出例句，这样学生结合情景，更容易理解语法点的含义及语用环境。比如，讲授“复合趋向补语”这一语法项目时，教师先演示从讲台向学生走过去这样一个动作，然后问学生“老师做什么了”，引导学生说出“老师走过来”。再比如，讲授“把”字句时，教师先演示把一束花从一个地方放到另一个地方的动作，然后让学生说出老师做什么了，引导学生说出“老师把花放在桌子上”。

2. 实物导入

借助一定的实物设置情景，再通过提问引出语法点。比如，导入“比”字句时，教师可以事先准备一长一短的两根绳子、两支粉笔，或者一大一小的两张纸、两本书。一边展示实物，一边通过提问引导学生说出“这个比那个长”“那个比这个短”等句子。

再比如，导入“A 是 A，……”结构时，教师可以拿出两个水杯，告诉学生红色的水杯可以保温，价格为 200 元，黄色的水杯不能保温，价格为 18 元。然后问一个学生：“你要哪个杯子？”如果学生选择红色的杯子，老师追问：“你为什么不要黄色的杯子？”学生会回答：“黄色的杯子便宜是便宜，可是不能保温。”如果学生选择黄色的杯子，老师追问：“你为什么不要红色的杯子？”学生会回答：“红色的杯子保温是保温，可是太贵了。”

3. 图片导入

教师先展示一定的图片，然后通过提问引导学生说出包含语法点的例句。比如，导入“在＋动词”这一结构时，教师可以先展示一张小熊吃饭的图片，然后提问“小熊在做什么”，引导学生说出“小熊在吃饭”这一例句。

4. 音频、视频导入

教师播放一段音频或视频，然后就学生听到或看到的内容提问，引导出例句。比如，讲授“可能补语”时，教师可以播放两段音频，一段的声音很清晰，一段的声音很嘈杂，并分别提问“这段声音你们听得清吗”，引导学生说出“我们听得清”和“我们听不清”这样两个例句。

（四）闲聊式导入

教师围绕某个话题，以轻松的口吻跟学生聊天，教师提问，学生回答，在师生之间看似闲聊的一问一答中把语法点带出来。当然，此时教师实际上是在有目的地引导着谈话的方向。比如，导入动态助词“过”（表示有过某种经历）时，教师故意问班上的同学“你是第几次来北京”“谁不是第一次来北京”这样的问题，然后走到不是第一次来北京的学生面前，提问“你来过北京，是吗？”这样就带出了所要讲授的语法点。这种导入方法使用起来比较方便，不需要准备其他材料，但需要教师对话题和问题进行精心设计。

（五）以旧带新导入

指用学生已经学过的语法点或词语带出新的语法点。比如，下面的这位教师在导入“有没有……？”这个语法点时，用学生已经学过的“有……吗？”这个句式来带出。

教师：××，你有笔吗？

学生：我有笔。

教师：（向全体学生）老师刚才说什么？

学生：（齐）你有笔吗？（PPT 呈现“有……吗？”）

教师：对，这句话我们也可以说“你有没有笔？”（PPT 呈现“有没有……？”）一起来。

学生：你有没有笔？

再比如，导入“N/P＋这儿那儿”（“名词或代词＋这儿那儿”表示处所）这一语法点时，教师事先板书下面的句子：

昨天我去朋友房间聊天了。

他明天来我家。

他们在我们学校吃午饭。

然后，引导学生思考画线部分还可以怎么说，然后告诉学生正确答案，并板书：

昨天我去朋友那儿聊天了。

他明天来我这儿。

他们在我们这儿吃午饭。

通过在新旧知识之间建立联系，不仅带出了新语法点，而且学生很容易就明白了新语法点的含义。

二、设计导入时应注意的问题

导入的目的不仅仅是带出语法点，更重要的是引导学生思考语法点的形式、功能或语用环境，帮助学生更好地理解和掌握语法点。导入的设计应该有目的性，或侧重结构感知，或侧重语义感知，或侧重功能感知。比如，在导入“动词重叠形式”这个语法点时，可以进行非重叠形式与重叠形式的对比，以引导学生思考重叠的形式和表意功能。

导入的设计要合理，导入要自然、有效，不能太牵强。好的导入应该是“润物细无声”的，能够让学生在不知不觉中进入语法点的学习，并对语法点有个初步的认知。一位新手教师设计的导入就不太成功。教师要讲的语法点是“有点儿”（表示程度不太高），采用图片导入法，目标句是“这个旗袍有点儿贵”，教师先用 PPT 展示一张旗袍的图片，然后提问“这件旗袍 600 元，你们觉得贵吗？”学生们的回答很混乱，有的人说贵，有的人说很贵，有的人说不贵，结果没能引导出目标句。这个导入设计存在的主要问题是，一件 600 元的旗袍算不算贵，对于不同的人来说感受是不一样的，所以学生们很难给出一致的回答，教师也就无法导出目标句了。

第二节 语法点讲解的方法与技巧

讲解就是把语法项目的有关规则教授给学生，帮助学生理解和掌握。尽管现在交际法受到推崇，国内也出现了淡化语法教学的主张，但是语言教学中仍然离不开对语法规则的解释和说明，这是因为：第一，虽然我们可以借助情景和例句来帮助学生自己体会语法点的语义和用法，但还是需要必要的“引导”和“点拨”，以帮助学生把对语法点结构、语义和功能的认知，从感性认识上升到理性认识。第二，尽管教材对语法点的说明通常有英语注释，学生可以阅读注释，但有时仅凭注释去理解语法点的用法是不够的。第三，有的学生不会英语，英语注释对他们来说没有用，仍然需要教师的讲解。第四，学生常常会问一些教材并未提到的语法知识，教师需要对此给学生进行讲解。

对于一个汉语作为第二语言的教师来说，语法讲解并不是一件容易的事情，首先得准确地了解语法点所涉及的知识内容，其次还需要掌握一定的讲解技巧和手段。

一、常见的语法讲解方法

（一）演绎法

指教师直接说明语法规则，然后给出若干例句。下面这位教师对“动词 + 不了”的讲解就使用了演绎法。

教师：大家听说过“动词 + 不了”吗？

学生：没有。

教师：好的，下面跟老师一起学习吧。“动词 + 不了”有两个意思，先看第一个意思。第一个意思是用在动词后面表示不可能或不能够。（PPT 同时呈现规则说明）我们看一个例子。

PPT 呈现 3 个例句：

作业很难，不能做。→做不了。

电脑坏了，不能发。→发不了。

自行车坏了，不能骑。→骑不了。

教师：懂了吗？

学生：懂了。

教师：好，记住第一个意思啊。它的第二个意思是用在动词后面表示不可能做完某事。（PPT 同时呈现规则说明）我们来看一个例子。

点的菜太多了，不能吃完。→吃不了。

（二）归纳法

教师先展示一定数量的例句，然后由教师直接概括出或引导学生概括出语法规则。下面这位老师讲解动词重叠式的方法，就采用了归纳法。

（刚刚复习完上节课学习的课文，课文是一段关于购物的对话，复习方式是每个学生读一句）

教师：玛丽想试衣服吗？

学生：想。

教师：（指着课文中的一句话）她怎么说的？

学生：我试试可以吗？

教师：很好。上节课我们学了“试”这个词，“试”是几个字？

学生：一个。

教师：“试试”呢？

学生：两个。

教师：两个一样吗？

学生：一样。

教师：很好，这就是我们这节课要学的动词的重叠。（PPT 呈现单音节动词的重叠方式：A → AA。）下面我们看看哪些词可以重叠，（PPT 呈现一些可以重叠的动词及其重叠式）来跟老师一起读。

学生：……

教师：很好，注意老师第二个字读得怎么样？

学生：很轻。

教师：很好。下面大家试一试，来读一下，一人一行。

学生：……

教师：喝喝什么？ xx。（点名某位学生）

学生：喝喝饮料。

教师：写写什么？

学生：写写字。

教师：还能写写什么？

学生：写写作业。

教师：（PPT 呈现双音节动词“学习”）大家想想，学习应该怎么重叠？是学学习习？还是学习学习？

学生：学习学习。

教师：很好，学习是几个字？

学生：两个。

教师：来看两个字的动词怎么重叠。（PPT 先呈现双音节动词重叠方式：AB → ABAB，然后呈现若干个双音节动词及其重叠式。）来我们再练习一下，一人读两个。

学生：……

教师：注意还是第二个字要读得轻一点儿。打扫打扫什么？ xx。

学生：打扫打扫教室。

教师：预习预习什么？

学生：预习预习课文。

教师：很好。我们看刚才的这些动词，都是什么样的动词？

学生：（沉默）

教师：有没有动作？

学生：有。

教师：所以，表示动作的动词可以重叠。我们看这几个词，能够重叠吗？（板书“怕”“喜欢”两个词）有没有人说怕怕、喜欢喜欢？

学生：没有。

教师：这样的动词是什么动词？（用手指向心脏的位置）

学生：心理动词。

教师：对，心理动词不能重叠。再看这几个动词，是我们经常用到的。（板书“是”“有”“在”三个动词）可以说“是是、有有、在在”吗？

学生：不可以。

教师：对，这样的动词也不能重叠。

这位教师共讲解了单音节动词重叠方式、重叠音节轻读、双音节动词重叠方式、动词重叠的范围限制等语法知识，都采用的是归纳法，先展示例词和例句，然后引导学生一起归纳有关的规则。

（三）对比法

通过对比凸显语法点的结构、语义或功能特点。事物的特点是通过对比体现出来的，适当的对比可以加深印象，深化认识。语法教学中的对比可以是不同语言之间的对比，即语际对比；也可以是同一种语言内部的对比，即语内对比。

1.“形容词谓语句”教学（语际对比）

英汉这两种句子的功能是相同的，都是描写句，属于对应结构，但结构形式在两种语言里有区别：英语里形容词前有 be 动词，汉语没有；汉语相应的句子里必须有“很”，而英语原文里并没有表达 very 的意思。教学中，教师可以事先板书如下的两个句子，注意在相对应的词语处用方框突显形式上的差异：

She is □ beautiful.

她 □很 漂亮。

然后，教师进一步说明：（1）汉语形容词做谓语时不需要用“是”；（2）在陈述句里，形容词前往往有修饰成分，否则含有对比的意义。这里“很”表达程度的意义很弱，不一定是 very 的意思。

2.“有点儿”教学（语内对比）

“有点儿”是副词，表示程度不高。为了让学生准确把握其语义特征，教师将“有点儿”和“很”进行对比，并举出下面的例子：

三亚 38°　　很热

上海 28°　　有点儿热

这种对比属于目的语内部的对比（语内对比），通过这样的对比，学生不仅更容易理解所学语法点的语义特征，而且会留下深刻印象。

（四）以旧释新法

利用学生已经学过的语法知识帮助学生理解新的语法知识。比如，讲授“可能补语”时，如果学生已经学过助动词“能”的用法，就可以利用“能”的用法来解释可能补语的语法意义，将可能补语的语法意义解释为“表示能不能做某个事情”。

二、语法讲解时需注意的一些问题

（一）语法讲解要简短

教师不应占用太多的课堂时间大讲语法规则，而要充分利用学习者的认知潜能，通过合理的教学设计引导学习者自主理解语法点的含义和用法，努力降低语法教学的枯燥感。比如，一个不太有经验的新手教师在讲“再/又”的区别时，使用了画图、用手比画和许多啰唆的话语，但是学生还是没有听明白，而且听得毫无兴趣。其实，教师完全可以随机走到班上一个学生面前，对他说“请给我一支笔”，在接过学生递过来的笔之后，教师继续对这个学生说“请再给我一支笔”（“再”要读得重一些），在学生递给教师笔的时候，教师故意不去接这支笔，而是向其他学生提问“现在笔给老师了吗”，当学生回答“没有”后，教师才接过学生递过来的笔，然后再问学生“现在笔给老师了吗”，当学生回答“给老师了”之后，教师说出“他又给老师一支笔”（“又”要读得重一些）。最后，教师简单概括一下：已经做了的事情用“又”，还没有做的事情用“再”。这样不用费太多口舌，学生很容易就明白“再”和“又”的区别了。

（二）讲解用语浅显易懂

语法解说要深入浅出，尽可能用学生能够听懂的语句，少用语法学术语，特别要注意避免用超出学习者语言水平的语句进行语法讲解。比如，讲解“状态补语”时可以把“状态”解释为“样子”。讲“可能补语”时可以把“可能补语表示动作行为发生的可能性”解说为“可能补语说的是能怎么样或不能怎么样”。又比如，对于表示存在的“有”字句来说，其句式特征的概括，下面的（2）式比（1）式更好：

（1）处所词语＋有＋表示人或事物的词语

（2）地方＋有＋人/东西

这种表存在的“有”字句，是学习者较早学习的一种简单句式，此时学习者掌握的词语还不是很多，（1）中的“处所”和“事物”这两个词有一定难度，可能是学习者尚未学过的，相对而言，（2）中的“地方”和“东西”就更为浅显易懂。

（三）讲解要准确

语法可以少讲，但是一定要讲准确。对语法规则的解释应该追求精确，避免含糊不清和错误的讲解，因为错误的讲解会导致学生的错误类推。

例如，某个留学生一直都比班上的另一个同学跑得快，有一次那个一向不如他的同学竟然得了第一，这个留学生感到很惊奇，于是对那个同学说了一句“不错啊，比我跑得更快”。这里显然应该用“还”，而他却用了“更”。当被问及为什么要用“更”时，这位留学生回答说，他曾经问过老师“他比我说得更好”和“他比我说得还好”一样吗？老师告诉他它们表达的意思一样，差不多，用哪个都可以，结果就造成了他的这个错误类推。其实，“更”是表示比较的副词，客观地表示程度增加，不带有任何语气；而“还”是语气副词，用来加强语气，有把事情往大、高、重里说的意味，带有某种情绪。教师这样随意的回答还不如不答，因为这样不准确的回答可能会误导学生，造成学习者的类推错误，是形成偏误的一个原因。

“呢”用在疑问句的句末，可以使语气比较缓和。例如：你打算去哪儿旅行呢？你了解不了解那儿的情况呢？如果真的如上所说，那么学生学了这个语法点，要问老师什么问题的话，恐怕就得在每个疑问句后面都用上“呢”了——因为表示礼貌嘛。实际上，并非所有疑问句的末尾都可以加“呢”，非问句的句末就不可以加“呢”。按照这本教材的解释，学习者就可能说出“你是日本人呢？”这样的偏误句。

（四）利用生动、直观的教学手段

语法教学很难避免枯燥感，而一些语法规则也确实比较令人费解，所以语法教学中，教师要尽可能利用直观、生动、形象的教学手段和教具，帮助学习者更好地理解和掌握语法知识，同时也可以减弱枯燥乏味的感觉。教学中可以利用的直观教学手段主要包括：实物、动作行为、图片、视频、图表、符号、公式等。

比如，学习“某个地方有某个东西 / 人”这一句式时，教师可以先用板书或

PPT 呈现句子的结构格式：地方（place）+ 有 + 东西 / 人（Sth./Sb.），然后拿出事先准备好的一个盒子，对学生说“老师今天带来一个盒子，你们想知道盒子里面有什么吗？”老师说这句话的时候，将其中“盒子里面”和“有”两个词语重读、拖长，以引起学生的注意。然后告诉学生“今天我们来学习这个新的句式”，同时用手指向板书或 PPT 上面的句子格式。这样借助直观手段表达出来的句子结构格式，以及形象、直观的盒子等实物，加上教师的问题引导，学生很容易就明白了这一句式表示的语义以及结构上的特征。

再比如，讲解“比”字句时，可以利用下面的几个公式将“比”字句的结构特点直观地呈现出来，便于学生的理解和记忆。

A 比 B + adj.

A 比 B + adj.+ 多了 / 得多 / 一点儿。

A 比 B + adj.+ 数量短语。

当然，利用公式辅助语法讲解时，公式要概括得准确、恰当。有的教师将表比较的“A 有 / 没有 B”句式的结构格式概括为“S.+ 有 / 没有 + NP.（+ 这么 / 那么）+adj.”，似乎也正确，但这个概括式未能突出这种句式表示对两个事物进行比较的句式语义，不如“A + 有 / 没有 +B（+ 这么 / 那么）+ adj.”更好。再比如，有的教师将“静态存现句”的结构格式概括为以下的公式：“什么地方 +V. 着 + 东西”，这样的结构式容易让学生误以为这是个疑问句，可以改为：“地方 +V. 着 + 东西”。

（五）例句的设计要精当

语法讲解中，例子的使用非常重要，学生可以从例句中自己体会语法点的结构、语义和语用特点，以及语法点的使用情境（例句都反映出一定的情境）。有时候，一个好例子胜过一百句的讲解。比如：给学生讲“害怕”和“可怕”的区别时，在简单介绍一下“害怕”和“可怕”在词性和用法方面的区别后，给学生提供一个例句：“我害怕蛇，因为蛇很可怕。”这样学生很容易就明白了二者的区别。有时，对于某些语法特征，或者两个语法点之间的差异，可以通过例子适当加以夸张，突出差异，加深学生的印象。比如讲解“就”和“才”的区别时，给学生提供下面两个例句：

玛丽 18 岁就结婚了。

苏姗 50 岁才结婚。

例子如果用得不好，也可能妨碍学生对语法点的理解和掌握。比如，有的教师在讲解“比”字句时，举出“丽丽比 8 岁的时候漂亮”这样的例句，不符合“比”字句中比较前项和比较后项应为同类事物的规则，不但不能起到帮助学生理解的作用，反而会给学生一定的误导。

语法教学中的例句设计，应该遵循以下几个原则：

1. 典型性原则

例句要能够凸显语法点的结构、语义和语用特征。比如，上面所举的“玛丽 18 岁就结婚了”和“苏姗 50 岁才结婚”的例子，就凸显了这两个副词的语义特征。

2. 交际性原则

例句应该是真实交际中一定会出现的，最好是经常使用的。比如，有的教材在讲解“量词重叠式表示周遍义”这个语法点时，给出很多“个个姑娘都非常美”“件件衣服都非常漂亮”这种量词重叠式充当定语的例句。

3. 针对性原则

例句应尽可能贴近学习者的现实生活及交际需求，这样学习者才会比较感兴趣。

第三节 语法点练习的方法与技巧

对语法规则的讲解可以帮助学生理解语法点的有关内容，但学习者仅仅理解了还不够，还需要记忆所学语法知识，更重要的是通过对语法规则的学习达到能够运用目的语进行交际的目的，这就需要有大量的练习。

一、语法练习的类型

语法练习的类型很多，从不同的角度出发，按照不同的标准，可以将语法练习分为各种不同的类型。

（一）理解性练习 / 输出性练习

根据练习的目的是帮助学习者理解语法点，还是用语法点表达，可以将语法练习分为理解性练习和输出性练习两种类型。

以理解语法点的结构、语义或功能为目的的练习为理解性练习；以使用语法点进行表达为目的的练习为输出性练习。比如，学习“动补结构”时，教师要求学生根据指令做出“站起来、坐下去、跑过来、走过去”等动作，这属于理解性练习。教师也可以自己做出“关上门、打开门、关上灯、打开灯”等动作，要求学生说出教师做了什么，这就属于输出性练习了。

（二）口头练习 / 书面练习

通过“说”的方式进行的练习为口头练习，比如跟读重复、回答问题、看图说话等。通过“写”的方式进行的练习为书面练习，比如组织句子、翻译、改错等。

口头练习也可以借助书面（文字）材料，即学习者需要先阅读一定的文字材料，然后再进行口头练习。由于学习者是通过口语完成练习任务的，而且练习目的是训练口头表达能力，所以这样的练习仍属于口头练习。

课堂教学中，应该更加注重口头练习，设法让学生多开口，书面练习可以让学生在课下完成。

（三）结构性练习 / 表达性练习 / 交际性练习

根据练习过程中是注重形式还是注重意义，以及教师对练习的控制程度，可以将语法练习分为结构性练习、表达性练习和交际性练习三种类型。

1. 结构性练习

结构性练习的特点是关注结构形式，练习的控制性程度较高，没有互动性。这种练习的目的是帮助学生理解和记忆，学习者在教师的严格控制下理解、记忆语法点的结构和用法，练习中提供的材料严格地控制着学习者的输出，学习者无须动太多脑筋，目的是达到熟练化。重复、替换、变换、扩展、选择答案、完成句子、组织句子、改错、翻译等都属于此类练习。

（1）重复

重复指教师要求全体学生一起重复教师或某个学生说出来的语句。重复的可以是短语，也可以是句子。这种练习中，教师通常会给出“再来！”“你来！”这样的指令，或者用手势予以暗示。

重复并不是无序的、随意的，而应是有目的的、有所设计的。需要重复的往往是教师讲解过程中引导出来的典型例句、操练过程中学生说出来的好句子，以及难度较高的句子。

（2）替换

替换指教师给出一个或一组例句，并在例句的相应词语下面画线，要求学生将画线词语替换为其他词语，重新组织出一句话。有时，为了降低难度，可以提供可供替换的词语。比如，练习“时段补语”时，教师给出如下的例句和替换词语：

昨天你锻炼了多长时间？

昨天我锻炼了半个小时。

跑　　一个小时

游　　45 分钟

走　　一个半小时

参观　两个小时

学生只要用画线词语替换例句中的相应词语，就可以组织出若干个汉语句子。

（3）扩展

扩展是词语教学中常用的操练方法，一般用于练习词语的搭配。语法教学中也可以利用这种操练方式。以“结果补语”的教学为例，可以通过扩展操练，帮助学习者掌握动词与结果补语之间的搭配关系。汉语中，哪些词语可以充当结果补语？常见的可以做结果补语的动词或形容词有哪些？什么样的动词需要搭配什么样的结果补语？对于母语者来说是不说自明的，但对于外国留学生来说，则需要一点点去积累。教学中，教师可以说出一个个动词，让学生说出可以与这个动词搭配的结果补语，如下：

看——看懂、看明白、看清楚、看完……

听——听懂、听明白、听清楚、听完……

洗——洗干净、洗完……

吃——吃完、吃光……

打扫——打扫完、打扫干净……

（4）变换

变换指教师给出某一结构，要求学生变换成相应的另一种结构。如下例：

用“被、叫、让”改说句子：

一个姑娘捡到我的钱包以后，给我送来了。

他不小心把杯子打碎了。

大风把树上的苹果刮掉了。

玛丽把我的书借去了。

她把那些旧杂志都卖了。

上述几种结构性练习适合在课堂教学中应用，下面的几种则更适合在课下进行。

（5）组织句子

指的是要求学生把教师或教材给出的词语组织成完整的句子，用于帮助学生掌握语法点的结构特征。如下例：

看了 他 一个 电视 晚上

学校 我们 回的 来 八点

去他 教室 了 进

（6）选词填空

要求学生从提供的若干个词语中选择一个恰当的填入空白，可用于帮助学生辨析易混淆词语的不同用法。如下例：

我___不认识他。（完整 / 完全）

（7）语序练习

在一句话的几个若干个位置标注字母，让学生选择括号中的词语应该放在哪个字母所代表的位置上。如下例：

a 他常常 b 帮助我们，c 我 d 喜欢他。（真）

（8）翻译

教师说出学生的母语或媒介语，要求学生翻译成目的语或者相反。

2. 表达性练习

表达性练习的特点是关注意义的表达，控制程度低于结构性练习，缺乏互动性。这种练习的目的是让学生学会运用，学习者为表达意义而自主选用语言形式，但没有交际对象。

（1）看图（视频）说话

教师呈现事先准备好的图片或播放视频，要求学生边看边用目标结构描述图片或视频的内容。比如，练习“趋向补语”时，教师播放事先录制好的某个人上楼、下楼、进门、出门等动作行为的视频，让学生一边看视频，一起说出“xx 走上去了”“xx 走下来了”“xx 走进来了”“xx 走出去了”等句子。

（2）介绍情况

要求学生用目标结构介绍某方面的情况。比如，练习“把”字句时，可以请学生介绍最拿手的一道菜的制作经过。练习“从……到……”结构时，可以请学生介绍一下从教室到食堂（医院 / 邮局 / 银行）怎么走。练习“比”字句时，可以请学生介绍一下自己的国家跟中国有什么不同之处。

3. 交际性练习

交际性练习的特点是意义导向，控制性程度较低，互动性强。这种练习的目的也是运用。教师引导学生在接近真实交际的情景中使用目的语完成各种任务，学生为表达意义而自主选用语言形式，这种练习强调学生之间的互动性和意义协商。问答、商讨、辩论赛、表格调查、角色扮演、完成真实交际任务（如“点菜”）等属于此类练习。

（1）问答操练

问答操练是一种简便易行的交际性练习，而且有助于促进师生互动，增加课堂教学的交际性，效率较高，因而是语法教学中常用的练习方法。问答操练可以是单纯的口头练习，也可以同时辅以图片、文字、实物等。

问答操练虽然属于交际性练习，但也有一定的控制性，这种控制性主要体现在教师对问题的设计上，教师的提问可以起到引导和控制学生输出的作用。

问答操练中的提问也有多种情况。提问句中可以出现目标结构，也可以不出现目标结构。有时候一个问题就能引导出目标句；有时候则需多次提问才能引导出目标句。有时候单纯的口头提问就可以引导学习者的输出；有时候则需要辅以手势或公式等手段。以下面两段问答操练为例：

例 1：练习“可能补语”

师：这个菜很辣，你吃得了吗?

生：我吃得了。/ 我吃不了。

例 2：练习“对……来说”

师：这件衣服，老师穿可以吗?

生：不可以。

师：为什么?

生：太大了。

师：那我们可以怎么说?（手指向黑板上的结构格式）

生：这件衣服对老师来说太大了。

从提问句中是否包含目标结构来看，例 1 中，教师的提问句中包含了目标结构（吃得了），可以给学生提供一个模仿的范本；而例 2 中，教师的几个问题中都没有出现目标结构（对……来说），而是引导学生自己说出来。从引导输出所用的提问次数来看，例 1 只用一次提问就引导学生说出了目标句；而例 2 则通过三次提问才引导出目标句。从是否需要其他辅助手段来看，例 1 不需要其他辅助手段，教师的提问本身就可以引导学生正确输出：而例 2 则需要教师借助手势、板书等手段才能引导学生正确输出目标句。

语法教学中，教师在设计操练环节的提问时，应该注意以下两点：一是问题应符合交际性原则，提出的问题要密切结合学习者的实际生活和交际需要，最好是学习者日常生活中常用的；二是要注意问题的能产性，也就是说提出的问题可以引发多种不同的回答。

问答操练中，教师的提问可以不借助图片和文字，也可以辅以图片、文字、实物等。需要注意的是，应尽可能多利用图片和实物，避免让学生读汉字。这主要是基于以下两个考虑：一是认读汉字对学习者来说有一定难度，有可能成为操练中的障碍：二是这种情况需要学习者在文字、语义和客观事物三者之间进行转换，也增加了学习难度。

（2）角色扮演

这是指让学生表演课文中的对话，或表演学生自编的对话。比如，练习“询价的句式”和“人民币的称呼法”时，如果课文就是购物时询价的对话，可以让学生几人一组，表演课文对话。如果课文中没有这样的对话，则可以让学生先自己编写购物时询价的对话，然后在全班面前表演。

有时候，也可以让班上的某个学生扮演记者，对其他同学进行采访，这也是学生比较愿意参与的一种交际性练习。比如，练习“是……的”强调句时，教师先示范扮演一位记者采访班上的一个学生，提出“你是什么时候开始学习中文的”“你是什么时候来中国的”等问题，然后再分别找几位学生扮演记者，随机地采访班上的同学，要求使用“是……的”句型提问和回答。

（3）商讨

教师将学生分成几人一组，给大家提出一个需要解决的问题，让组内同学互相商量解决办法。比如，练习“双宾语句”时，教师可以让学生几人一组，商量一下给生病的某个老师或学生送什么礼物好，要求学生用“我要送 sb.+sth”来表达。再比如，练习“比”字句时，教师可以让学生分组讨论一下如果他们的朋友来了住在哪个酒店好，为什么。

（4）辩论赛

这也是一种互动性较强的交际性练习，教师选择的辩论题目要能够调动起学生的辩论兴趣。比如，练习“比”字句时，可以将学生分成两组，以“结婚好还是不结婚好”为题进行辩论，一组的辩题是“结婚比不结婚好”，另一组的辩题是“不结婚比结婚好”。

（5）游戏

游戏的趣味性较强，而且游戏过程中学生之间可以互动，所以必要的时候可以适当安排一定的课堂游戏。比如，练习“方位词”和“往……一点儿”结构时，可以让学生做一个“贴鼻子”的游戏：在黑板上画一个人物或动物的头像，但不画出鼻子，找一个学生手持背面粘有胶带纸双面胶的纸质“鼻子”，眼睛被蒙住，在其他学生的帮助下把纸鼻子贴在头像上面。又如，操练“有”字句时，可以让学生做一个猜物品的游戏：先选择几个学生，背对黑板站在教室的前面，教师用 PPT 呈现一张上面放着各种物品的桌子，请一位背对黑板的同学猜测 PPT 中的桌子上有什么，并用疑问句形式（桌子上有……吗）表达出来，要求坐在下面的同学用“桌子上有 / 没有……”来告诉这位同学她猜测的结果。这位同学猜完后下一个背对着黑板的同学继续猜测，以此类推。学生每猜对一次，教师会给她的衣服上贴一朵小花。通过这样的游戏，学生将“有”字句的肯定式、否定式、疑问式都练习到了，而且在练习的过程中也不会感觉到乏味。再比如，练习“形容词重叠式”时，可以让学生做一个“猜猜他是谁”的游戏：将学生分成两人一组，其中一人口头描述班上某个同学的样子（比如“她的眼睛大大的，她的头发长长的”），另一人猜说的是谁。游戏的最后也可以请班上一个同学做口头描述，让全班同学一起猜猜他说的是谁。

（6）完成真实交际任务

这是指设计一些在现实生活中也会出现的交际性任务，让学生运用目的语完成任务。比如，操练“把”字句时，可以安排一个“布置房间”的任务：把学生分成两个人一组，每组有若干个家具卡片和一张画着空房间的白纸，二人合作布置房间。一个人说，另一个人摆放，然后互换角色。

又如，操练“询价的句式”时，可以安排一个“购买商品”的任务：把学生分成几个组，其中一组为售货员，手里有一些商品卡片。其他几组为顾客，几个顾客组学生手里有相同价值的模拟钱币。要求几个顾客组的学生分别前去购买商品，看看哪个组买的东西最多。

再比如，操练“S+ 时间状语 + 地点状语 +VP”这一句式时，可以安排一个表格调查的任务，把学生分成四人一组，每个组发一张调查表，要求调查组内同学的行为并报告调查结果（表 4-3-1）。

表 4-3-1　行为调查表

人	时间	地点	事件
老师	明天中午	在食堂	吃饭

语法练习的方法还可以有很多，语言教师也可以在教学实践中，根据自己的经验，结合特定的教学内容，开发出一些适合特定教学对象的语法练习。无论如何，语法教学中应该保证练习的量要足，练习的种类也应丰富多样。在交际性原则得到越来越多认同的今天，人们已经普遍认识到，如果某个教师在教学中只有

讲解，没有练习，那几乎是一个不合格的教师；如果他在教学中有讲解和足量的练习，那么他就是一个合格的教师；如果他不仅有大量的练习，而且讲解准确、生动，练习设计形式多样，生动有效，不仅有机械性练习，而且还有交际性练习，那差不多就是一个优秀的教师了。

二、语法练习中需注意的问题

（一）目的明确、操练有效

不管采用何种练习方式，一定要注意练习的目的要明确，这样才能确保练习的有效性。有的老师上课，课堂气氛很活跃，热热闹闹，学生活动得也很充分，可是却没有什么实际效果，学生在练习以前不会说的，练过以后仍然不会说，这样的操练就是无效操练。所谓“有效”，主要有两层含义：一是对某语法点的练习应与对该语法点的解说相一致；二是练习的结果应与练习设计的目标一致。比如，有的教师在练习“把”字句时，安排的改错题中有这样一道题目：你不忘把书带来。（正句：你别忘了把书带来。）但是，这个偏误句与“把”字句的结构特征无关，其问题是“不”与“别”的误用，这个句子为祈使句，应该用“别、不要”来表示否定，而不能用“不”表示否定。此外，这个句子也不是典型的“把”字句（“把”字短语做谓语），而是一个“把”字短语做宾语的句子。

又如，有时候教师在操练“如果……就”时，由于设置的情景不当，没有达到有效操练的目的。教师问：“同学们都来了吗？”学生回答：“都来了”，教师说：“如果大家都来了，我们就开始上课吧，一起来”。实际上，在这样的情景下，应该使用“既然……那么”这一组关联词语，因为“大家都来了”是既成事实，而不是假设的情况。“如果……就”所关联的复句，前一分句表示的是某种假设的情况。

再比如，一位教师在操练“A 没有 B+adj.”这种比较句时，提问学生“你坐公交还是坐地铁”，学生回答“坐公交”后，教师接着提问“为什么你坐公交”，学生便使用“比”字句回答“公交比地铁……”，练习没有达到应有的目的。其实，教师可以提问学生“为什么你不坐地铁”，学生自然就会用“地铁没有公交……”来回答了。

（二）练习应有层次性

如果一个语法点需要安排几种练习的话，这些练习活动应该按一定的顺序排列，而不是杂乱无章的。基本原则是：由易到难，由结构性练习过渡到交际性练习。这样也符合语言学习“理解→记忆→运用”的学习顺序。比如，下面这个关于“把”字句操练顺序的安排就比较合理。

（1）口头完成句子

请把书打……。

房间太脏了，我们把房间打扫……吧。

昨天，我们忙了一天，把房间布置……。

这张桌子没有用，我们把它搬……吧。

请你把词典递……。

（2）把括号里的词语放在合适的位置。

他把我的照相机借走了。（昨天）

他把画挂上去。（没）

把写字台放在门旁边。（别）

你把洗衣机放到卫生间去。（应该）

（3）改错

我把一本词典买到了。

他把房间没打扫干净。

我把他打。

我把饭吃得很满意。

（4）互动活动

两个人一起布置房间。

（三）练习难度应适合学习者水平

这里所说的练习难度包含两个意思：一是认知难度；二是语言难度。对于儿童来说，应注意练习的认知难度，语法练习的形式应该是学生容易理解的，给学生的任务是学生有能力完成的。对于成人来说，除非指令不清楚，否则一般不会有认知难度，但特别要注意语言难度。练习中所使用的词语、句子尽量应该是学生学过的，如果一定要使用学生没学过的词语，则需要进行适当的处理，比如注出拼音或使用词卡。一定要避免用较难的词语来练习比较容易的语法点。比如，有的教师操练“形容词重叠式”时，引导学生说出一个例句“我把宿舍打扫得干干净净的”，这是一个“把”字句，动词后面带有补语，而学习者学习形容词重叠式这个语法点通常是在比较初级的阶段，不一定学习过补语和“把”字句。其实，这位教师完全可以用一张小动物的图片引导学生说出下面一些比较简单的例句：

它的眼睛大大的。

它的耳朵长长的。

它的嘴巴小小的。

（四）注重整句输出

句子是最基本的交际单位和表达单位。即使正在练习的语法点是词语项或句子成分项目，练习的过程中也要尽量让学生输出句子，把目标结构（词语或句子成分）放在句子中，以使学生了解其在句子结构中的位置、语序，要注意培养学生的“句感”。

（五）创设恰当的操练情境

任何语言形式都是在一定语境中使用的，所以语法练习特别是交际性练习，也需结合一定的情境来进行。创设操练情境时，应遵循以下几个原则。

（1）操练情境应该与语法点的用法相吻合。

教师所创设的情境，应该具有使用语法点的最大可能性。比如，单音节形容词重叠式（AA 的）一般用于描写人或事物的外表、外貌状态等，比如：她的头发长长的。她的眼睛大大的。她的嘴巴小小的。操练这个语法点时，教师设置让学生描述动物或人物外貌这样的情境是比较恰当的。一位不太有经验的新手教师在讲练“有点儿”的用法时，所设置的情境就不一定要用“有点儿”来表达。她当时设置的情景是：教师在学生面前咳嗽然后问学生“老师怎么样了”，结果学生的回答是“老师咳嗽了”“老师病了”等，没有一个学生用她事先设计的目标句“老师今天有点儿咳嗽”来回答。

（2）操练情境应该是真实交际中经常能够遇到的。

（3）操练情境应该尽可能贴近学习者的现实生活。

（六）练习指令明确、简短、易懂

语法练习时的指令可以分为语言指令和非语言指令两种类型。语言指令比如“再来”“你来”等，非语言的指令包括教师的手势和眼神等。

此外，练习指令还可以分为“对练习形式及要求进行说明的指令”和“启动练习的指令”两种类型。结构性练习一般只需要有启动练习的指令即可，交际性练习则往往需要对练习的形式及要求进行说明。如果是分小组进行练习，对练习形式的说明还包括“分组”的部分。无论语言指令还是非语言的指令，都应该做到明确、简短（简单）、易懂。

第四节　语法点课外练习的形式

语法练习环节是语法教学的实操环节，也是学生巩固和强化语法知识的环节。在课堂上输出带有语法点的句子，是学生学会汉语语法的第一步，也是在日常生活中进行有效交际的第一步。语法点的练习，题量要适当，形式要丰富，由浅入深，由易到难；参与度要高，要遵循交际性原则。

首先，语法练习题量要适当，形式要丰富。语法点练习方式多种多样，大体可以分为机械式、有意义式和交际式三类。机械式练习具体有词语或例句跟读、替换等，有意义式练习有根据课文回答问题、完成句子、复述等，交际式练习有自由讨论、编故事、做语言游戏等。

一个好的语法点练习设计，要同时涉及以上三种练习方式，既要机械式的重复增加学生对语法点结构的熟悉度；又要让学生动脑思考答案，培养汉语思维能力；还要有交际性的活动，为学生营造真实的交际环境。如教师教授语法点“‘了’和‘的’”时，便要设计了三种形式的练习，既有机械式的跟读，又有填空、判断和自由会话，在巩固了语法点知识掌握的同时锻炼学生的交际能力。但是练习环节中的题目数量不宜过多，每种类型的题目选出几个有代表性的，在讲解题目的时候讲解透彻即可。如在练习“越……越……/越来越……”时，可以设计以下四个练习（图 4-4-1），这四个练习中既有机械式的转换句子练习，又有看图说话的有意义式练习，最后的练习 3 是开放式的交际性练习，形式丰富，并且数量也合适，可以很好地使学生对语法点进行强化记忆。开放式的练习，使学生输出大段的话语，让他们在语篇中感受语法点的意义与用法。此外，语篇输出可以让学生联想到更多学过的词语，也起到一定的复习作用。

练习 1

根据列表，用“越……越……/ 越来越……”说一说：

（1）明杰的汉语水平：

2 月份	7 月份	12 月份
3 级	4 级	5 级

练习 2

根据提供的情况用“越……越……/ 越来越……”说一说：

（1）孩子长大了，懂事了。

（2）放假的时间临近了，他更加高兴了。

练习 3

根据自己的实际情况或看到的情况，用“越……越……/ 越来越……”说一说：

（1）你开始学汉语时觉得汉语难不难？现在呢？你汉语水平提高后想做的事情有什么变化吗？

（2）你来这里多长时间了？认识的人、生活、习惯、对周围环境的了解有变化吗？

图 4-4-1 “越……越……/ 越来越……”练习题

其次，语法点的练习要由浅入深，由易到难。练习语法时要先练习刚讲到的内容，或者是此语法点最常用的结构与用法，对特殊用法如果本课讲到就少量的加以练习，如果本课没有涉及就不要设置题目。选用的题目例句不要涉及过多学生没学过的内容或者表达，要符合学生的汉语水平。题目的形式也要由易到难，可以先设置选词填空、转换句子等简单的题目，再设置看图说话、小组讨论等较难的问题。如在练习区别“不”和“没”时，可以设置以下练习（图 4-4-2）。副词“不”和“没”的区别主要有三点，以下练习先单独对这些区别进行了题目设置，然后又进行了综合练习，题目形式有判断正误、填空、看图说话和改写句子，题目设计多样，题目难度也由浅入深。

综合练习（一） 用“不”和“没（有）”填空： 1. 我（ ）喜欢太辣的菜。 2. 他说那个女孩子（ ）漂亮，可是我（ ）觉得。 3. 昨天我（ ）喝酒。 4.18 岁的时候，我（ ）开车。 5. 昨天王老师给我的作业，我还（ ）做完。 6. 她眼睛很大，（ ）像她爸爸。 7. 他（ ）喝酒，他（ ）吸烟。	要点 2. “不”和“没（有）”的区别 完成下列对话 A：过山车，（你坐过吗）？ B：（过山车，我没坐过）。 A：明天我和马克去坐，（你去吗）？ B：太高了，（我不去）。
要点 1. “不”和“没（有）”意义区别和时间上的差异。 说说下面句子对不对，为什么？ 1. 这本书我没会买。 2. 这个衣服太贵了，我没买。 3. 今天马克有事，不来。 4. 来中国以后，我还不收到他的信。	应用练习（一） 把下列句子改成否定句。 1. 昨天晚上我去马克那里了。 2. 你应该买这幅画。 3. 马克每天都写汉字。 4. 苹果红了，可以吃了。 5. 水还热，还要等一会。 6. 马克和陈思思国庆节结婚。 7. 我去过长城。

图 4-4-2　区别“不”和“没”练习题

另外，全员参与，注重交际性也是语法点练习应注意到的问题。在语法点练习时要尽量保证每个学生都参与练习，可以让学生做完题目后一起跟老师对答案，老师也可以点学生来讲解题目，这样学生的参与度和开口度就会提高，学生的精力也比较集中。此外，应多设计一些交际性的练习，比如小组合作、编故事、新闻发布会、做游戏等活动，它们可以给学生提供更多运用汉语进行交际的机会。教师根据语法点设计多样的课堂活动，如模拟购物场景，让学生以小组为单位，开展商场购物活动，这样即为学生提供了当众发言的机会，又锻炼了小组之间的合作能力，更重要的是体现了交际性。

如在练习语法点“一边……一边……”时，增加学生的开口度和参与度。语法点“一边……一边……”的结构简单，在练习环节不必大量地机械重复训练，采用看图说话和做游戏的方法来练习，可以使学生全员参与，增强学生的兴趣，使学生发散思维，在交际中练习语法。

第五章　基于“三一语法”的汉语语法教学

本章主要介绍基于“三一语法”的汉语语法教学，主要从四个方面进行阐述，分别是基于“三一语法”的趋向补语教学、基于“三一语法”的三组同义副词教学、基于“三一语法”的“从 X 到 Y”句式教学、基于“三一语法”的预设比字句教学。

第一节　基于“三一语法”的趋向补语教学

一、“三一语法”理论和教学设计

“三一语法”是一种三维一体的教学语法。涉及三个方面：句子的形式结构、结构的功能作用、功能的典型语境。这三者分别解决的就是语言点“是什么、怎么用、用在哪里”这三个问题。

二语教学的教学设计解决的是教师如何来设计教学过程，达到教学目标；学生如何来跟随教师学习，达到学懂、会用的目的。那如何来根据“三一语法”理论来进行教学设计呢？这就需要有一个深入的思考和讨论。

如何将“三一语法”理论有机地融合到“趋向补语”的教学中去，在进行教学设计时要遵循哪些相应的原则和教学方法？

二、基于“三一语法”理论的教学设计原则

依托“三一语法”的教学设计需要遵循如下几个原则。

（一）结构与作用相结合的原则。

趋向动词作补语的三种格式：直接作补语、加结构助词“得”、加否定副词“不”。在趋向动词的教学中，不仅仅要让学生理解趋向动词的语法意义，更重要的是要让学生学会它的用法。

在学习趋向动词的趋向意义时，一般来说，由于其形式结构固定、简单，学生比较容易掌握，但是在学习引申意义时，学生掌握起来就比较困难了。例如：

①他在学校附近办出来了一个学习班。

②我很快就把那个字认出了。

例①的正确表述应该为：“他在学校附近办起来一个学习班。”这里是将“起来”和“出来”的功能作用没有区分清楚，“起来”表示的是由低处向高处移动，“出来”则是表示从无到有的引申意义。

例②的正确表述为：“我很快就把那个字认出来了。”该句中“出”和“出来”的误用在于“出来”有“N+V+出来+了”的结构，而“出”没有这样的结构。我们在作教学设计时就需要注意到一个语言点的学习，它的形式结构和功能作用是一一对应的。又如：

③暑假结束，我又回来上海了。

④当天，我们立刻飞回去墨尔本。

例③中的处所名词“上海”应该放在“回来”之间，构成“S+V+回+N处+来”的结构，其正确表述应为：“暑假结束，我又回上海来了。”

例④中的“回去”也是同样的结构问题，正确的表述为：“当天，我们立刻飞回墨尔本去。”因而，学生在学习了趋向动词，特别是复合趋向动词时，在句子的结构和功能两个方面都会存在不同混淆和偏误。“三一语法”的句子的“形式结构”“功能作用”这两个维度一般是同现的，在教学设计时，这两个维度相辅相成。

（二）典型语境相适应原则

二语教学中，我们在弄清楚一个语言点在句子中的结构和作用后，仅仅只是解决了“是什么”“怎么用”这两个问题，并不是说学生就清楚“在哪儿用”，因而这样的教学根本就达不到教学的目标。“三一语法”的“典型语境”这一维度就是解决这个“在哪儿用”的问题。那在教学设计时如何将这一维度引入并且融合呢？“三一语法”强调在“用中学”，即语法知识本质上是在语言使用过程中浮现、概括出来的知识，生于语境，用于语境，变于语境，故教语法离不开教语境。其语境观的核心思想是：语境也是语法，用法是语境知识的结构化概括，教语法本质上是教用法，教语境化的语法知识语境知识。既是语法知识形成的依据，也是语法知识的具体化表现。

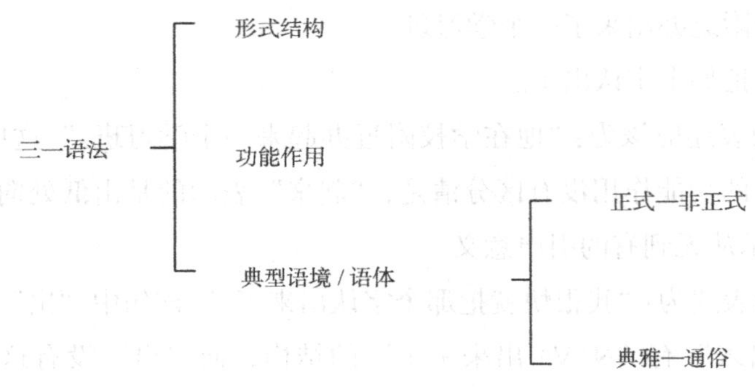

图 5-1-1 “三一语法”内容

如图 5-1-1 所示，我们可以清楚地看到，典型语境也关系到语体问题，所以我们在二语教学时，教学设计也需得考虑到这方面的问题。例如，我们在进行趋向动词“上来”的教学时，可以用情景导入法来引入语境。情景一：我现在有点口渴了，请你帮我把水杯端上来。以这样的情景引出“把饭、菜、茶端到桌子上”。这一典型语境。情景二：这个同学是前天刚刚转来的，我叫不上来他的名字。引出“叫出名字”这一典型语境。

（三）与教学对象相适应原则

在一个班级的来华留学生，他们来自的国家不同。受学生的年龄、母语、汉语基础水平等影响，教师在进行教学时，要考虑到教学对象的这些特点来进行教学设计。基于“三一语法”理论，我们在设计教学时也可以融入一些教学方法。例如：在学习趋向补语“上来”时，完成了功能作用的介绍后，分组让学生进行句子模仿练习，从模仿的句子练习中提炼出两三个典型语境。在巩固阶段可以穿插进一些游戏，例“语言遥控机器人”的游戏。这样既照顾了不同学生的水平，也激发了学生的学习兴趣。

三、“V 来 V 去”构式的教学模型

汉语教学中，教师在教授语法点时大多会采用以下两种方式：一种是演绎的方法，开门见山地将语法结构及意义告诉学生，然后通过图片展示等方式不断诱导学生用该结构造句：第二种是归纳的方法，先以某种方式引出语法点的实例，然后再通过的大量的实例展示，逐步归纳出语法点的形式结构及意义。

这两种关于语法结构的教学方法是较为普遍与实用的，在不断地操练强化的过程中，可以让学生短时间内掌握用法规则。但是，语言的运用不仅涉及如何使用，更重要的是在何处使用，即语言的使用环境问题，无论语言规则掌握得多么纯熟，一旦用错了语境，就会显得洋腔洋调，词不达意。对于中高级水平的汉语学习者来说，困扰他们的最大问题不是语法规则，而是将语法规则用在什么地方，这种困扰使他们经常会产出某些似是而非的表达。

为解决这一现象，“三一语法”应运而生。“三一”意为三位一体，即将语法点的形式结构、功能意义、典型语境结合起来的二语教学方法，有助于汉语学习者将语言知识有效地转化为语言技能。

冯胜利、施春宏以“把”字句为例，将三一语法理论具体化，体系化，归纳出可操作的实例模型：第一层为“把”字句的形式结构，阐述了进入“把”字句各部分的限制条件，这是对语法规则的简单描述，是三一语法体系中最基本的部分；第二层为“把”字句的意义功能，为表示物体的位移与行为引发的结果，这里没有使用“把”字句传统的处置义，是因为学生们对“处置”一词拿捏不准，来自于最新语言学研究成果的“位移义”与“结果义”更容易被接受；第三层为“把”字句的典型语境，包括搬家、整理房间等，并且每个典型语境下都有例句展示，便于学生理解并举一反三。三一语法的第三层是整个理论的创新点所在，从大量的语言实例中抽象出最典型，且最贴近汉语学习者生活的使用场景，这不仅易于理解，而且便于使用。

根据“三一语法”理论，我们对“V 来 V 去”构式的教学模型进行“三位一体的设计，其模型包括三个部分：形式结构、语义功能与典型语境。

（一）形式结构

与语言本体研究不同，对外汉语教学要注重规则的简洁性与实用性，“V 来

V去"构式在句中一般做独立谓语，根据学生们的偏误语料来看，他们较少会出现句法位置的偏误，即使出现偏误也是因为对语义的掌握不佳，因为语法是语义语用的形式表征，对语义语用的不理解自然会出现句法方面的错误，如有的学生在"V来V去"构式后加宾语，便是对该构式是"状态描写"的语用不了解。此外，"V来V去"构式对"Y"的准入有诸多限制，若将这些限制一一列出，势必会加大学习者的习得难度，而且一些限制在语言学习与使用上是无关紧要的，因此，对"V来Y去"构式的形式结构要求进行精简并概括如下：

<形式结构>

（1）独立作谓语，不带宾语。

（2）V为行为动词（如"走、看、吃……"）或心理动词（如"想、喜欢、怕……"）。

（3）V不可以是复合词（如"洗澡、睡觉、游泳等"）。

（二）语义功能

"V来V去"构式义为"持续、反复、周遍"，周遍义的凸显度较低且具有抽象性，不易为汉语学习者所理解，故此处不将其列入意义功能中。

<意义功能>表示动作或状态的持续与反复。

（三）典型语境

可简单理解为"什么情况下用这一语法结构，表达一种怎么样的效果"。

（1）描述客观物体的反复持续位移，有时会隐含感情色彩，感情色彩随客体变化而变化。如：

①看萤火虫飞来飞去，看天上的流星。

②不到一会儿，只听见树下面窸窸窣窣，不知是什么兽物窜来窜去。

③苍蝇在办公室嗡嗡地飞来飞去，一会儿停在墙壁上，一会儿停在档案柜上。

上面三例都隐含着某种主观色彩，分别为闲适、恐惧、厌恶，这与主体对客体的态度是分不开的。

（2）表达事件过程艰难且不断反复，最终达成或没有达成某一目标或预期。如：

①美国人斩钉截铁地说："不可能，这楼全世界就纽约独一份！"想来想去，最后终于明白，是我小时看过"蜜供"！

②但是写来写去呀感到苦恼，因为我底子太差就是。

例①中“想来想去”的结果是“终于明白了”，说明达成了“想”的目标，例②则明显突出了“写”这一过程的艰难，估计自己也写不出什么好作品来。

（3）表达不管动作或事件过程如何持续反复，结果仍保持不变，如：

①说来说去还是一个字：钱。

②“我开始设想自己爬上寨主宝座的途径，想来想去无非有三……”

这一语用体现了“V来V去”构式的周遍义，即说者已经主观穷尽了可能出现的结果，所以不管如何“说来说去”“想来想去”，都出不了“钱”字和这三种“途径”。

（4）评述他人持续反复的行为，一般表达不悦的情绪，如：

①别以为自己飞来飞去，就能穿透一切啦，我穿不透，比如说你，因为你是一个比照片之谜更大得多的谜语，就连你的存在都是一个问题。

②村长跺着脚叫着，“争来争去，都不是什么好地方，回了整山也不是天堂！

当“V来V去”用于评价他人时，总会带着说者或多或少的不悦情绪，这可能根源于对反复持续事物的厌烦感。

（5）描述犹豫不决的状态。如：

①他感到心里毛躁躁的，他想不起该从哪儿下斧头，所以他总是看着它在它的跟前转来转去，总是拿不定主意。

②有一回标价的时候，少写了一个零，结果人家看来看去，不买，还问：这是“兔儿爷”的真品吗？

“V来V去”构式的反复义与人犹豫时的状态具有相似性，因此，常用来描绘犹豫不决的样子

将以上语言本体的典型语境与学生们学习生活的常见情景相结合，设计出教学典型语境（表5-1-1）。

表5-1-1　教学典型语境

	实例	教学手段	涉及语用
逛公园	鸟在天上飞来飞去。 松鼠在树上跳来跳去。 云在天上飘来飘去。 小孩子跑来跑去真可爱。	图片、视频展示、情景模拟	客体反复移动

续表

	实例	教学手段	涉及语用
去超市买东西	我买来买去只买了一瓶水 看来看去还是这个书包最好看。 这些苹果挑来挑去没有好的。	情景模拟	犹豫、目标达成与否、结果不变
学习	今天作业太多了！写来写去还有很多！ 今天老师让我们小组讨论，讨论来讨论去也没有结果。	情景模拟	过程艰难、目标达成、结果不变
评价别人	告诉学生当你评价别人“Y 来 V 去”时就表示你不开心，比如“你在我面前走来走去很久了，歇一会儿吧！”	直接讲解	表达不满情绪

第二节　基于“三一语法”的三组同义副词教学

一、基于“三一语法”的三组同义副词的教学建议

（一）从三个维度进行教与学

“三一语法”指导教师应该在三维的角度教，学生应该在三维的角度学，并且“三一语法”说明了一个句子“是什么”“干什么用”“在哪儿用”三个层面的掌握是真正的语言学习所必需的。

在句法形式的维度，教师应当提高自己的专业水平，在教学过程中，不断深入研究相关本体知识，这样才能对单双音节同义副词这类易混淆词有更加深入的认识和理解。在这一前提下，在对外汉语教学过程中，才能避免出现教师解释不严密的情况，并且在学生当堂提出这类词的差异的时候，教师也能临危不乱，给出清楚的解释，而不是说“它们大多数情况下一样”或“它们基本上差不多”等回避性的反馈。教师应该通过归纳和演绎相结合的方法呈现给学生清晰的句法格式，并且也要给出明确的句法格式的差异与不同，进行对比讲解。

在功能作用的维度，教师给出不同语境下的例句，让学习者体会单双音节同

义副词之间功能作用上的细微差异。教师也要通过归纳总结以明确其功能作用上的差异，让学习者对其有明确的认识。

在典型语境的维度，教师应该多多换位思考、移情来深入考虑与学生生活、学习上息息相关的典型语境，并将其作为教学例句，而不是主观上使用过多与教师本人有关的例子。在考虑学习者汉语水平等级的情况下，教师给出的语境越具体越好，并且也要注重语境的生成性。教师要多根据典型语境使用情景法的教学方法让学生在情境中学习、在情境中交际，真正实现让学习者多说多练的目的。

学习者应该树立“从三个维度学习”的语言学习意识，明确一个语言知识的掌握需要掌握其形式、功能和语境，即“是什么”“干什么”“在哪儿用”的系统学习才能完全掌握一个语言知识。并且学习者要注意语言点使用语境的语体色彩差异，培养自己对汉语口语、书面语的区分能力，在日常交际和书面写作时加以注意。

汉语中单双音节的同义副词的用法比较复杂，且容易造成混淆。单双音节同义副词本身的难度会给学习者带来畏难情绪，学习者要树立良好的学习观，在遇到此类词时，积极与教师探讨，并深入学习它们互相之间的差异与不同，而不是一味地采取回避的学习策略。学习者要培养自己良好的学习习惯，循序渐进，不能急于求成，要层层探究，不断深入的学习，及时对比，并总结归纳，这样才能够对这类词汇有更加全面系统的认识，才能够更好地掌握并使用。学习者要采取有效的学习方法，注重单双音节同义副词之间的对比学习，并提高自己对汉语书面语和口语不同语体的认识，注意区分口语和书面语的不同使用环境。在书面写作时，学习者要有意识避免使用过多口语化的语言形式，提高对具体词汇语言色彩的认识，从而能选择更恰当地使用语境。

（二）分阶段教学

教师要根据学习者的汉语水平划分不同的学习阶段，并有针对性地选取适合的教学内容。对于同一个语法点的教授，根据学习者的不同学习阶段，语法点的教学内容应该有所不同。

“常”和“常常”适合汉语初中级阶段来进行教学。在教学过程中，首先应选取“S + 常 + VP”和“S + 常常 + VP”这两个最常用、常见的形式结构来进行教学。“常 / 常常”更适合放于句子中状语之前，这种使用习惯在教师对其形式结构进行操练时应该特别注意，“常”和“常常”都具有表示频率高（即动作、行为屡次发生）的功能作用也应优先教授，同时教师也会向学生指明“常”和“常常”度量上的差异以及“常”和“常常”的语体色彩上和音节韵律搭配上的差异。在初级阶段的后期或中级阶段，教师教授“常常 + S + VP”“常常，+ 分句”的形式结构，向学生指明“常”具有“表示行为、动作或者状态的持久性、一贯性”的功能作用，并对其进行针对性的操练，然后使学生对“常”和“常常”语体色彩和音节韵律上的差异进行回顾和复习。“分句，+ 常常”这一比较特殊的形式结构可以不进行教授，也可以在中级阶段后期或高级阶段进行拓展性的教授。

“白”和“白白”适合在汉语水平初、中级阶段进行教授。在初级阶段教授最常用的形式结构“S + 白 + VP”和“S + 白白 + VP”，指明“白”和“白白”具有相同的功能作用，并通过大量有针对性的操练使学生掌握这两种功能作用。在中级阶段，教授“白白”相对特殊的形式结构“白白 + 地,+ 分句”，对比讲解“白”和“白白”在音节韵律搭配上、语体色彩上和语气表达上的差异，并进行相对应的操练。对于“白送”“白背”“白干”“白费”“白说”“白花”“白写”等“白+单音节词”的常用组合可以进行整体性教学，让学习者形成整体记忆并把这类搭配作为一个整体进行熟练运用。

“必”和“必定”适合在汉语中高级阶段教授。在中级阶段先教授“必”和“必定”的常用形式结构“S + 必 + VP”“S + 必定 + VP”，教授“必”的“表示主观上认为确实如此”的功能作用以及“必定”的两个功能作用并进行针对性的操练，讲解“必”组合单音节动词的一些常用搭配，指出“必”和“必定”在音节韵律搭配上的差异。在高级阶段，要重点讲解“必”的两种功能作用的不同，点明“必”和“必定”显著的书面语特点，并针对汉语水平高的或者有志愿从事汉语研究的学习者，教授“必”具有古汉语色彩的书面用法，例如：“必死无疑”“必有重谢”“有利必有害”“物极必反”“事必躬亲”等。这些书面语色彩明显的用法的教授对学习者汉语书面写作会有很大的帮助。

分阶段教学规避了学习者因教学知识过多、过重、过于复杂而出现的严重偏误，在巩固好基础、最常用的形式结构以后，再教授较难的形式结构也符合学习者的认知规律。在一个词具有多个功能作用的时候，也要考虑学习者汉语水平，先教授简单的、最常用的功能作用，然后在适时讲解其他功能作用。教师不能把所有语言知识一股脑的全部同时教授给学习者，这样学习者不仅不能完全掌握，而且很容易出现畏难情绪，丧失对汉语的学习热情。教师在分阶段教学的过程中应该注重教学内容的难度螺旋式提高，并不断增强学习内容的复现。

（三）使用“典型语境”课堂导入

对外汉语课上，课堂导入对于很多新手汉语教师都是一个比较难的问题，“三一语法”就给这一问题提供了解决办法，教师可以更多地借助、参考典型语境来设计导入语境。

我们给出“白”和“白白”的导入示例：

教师：上节课我们学了很多生词，安娜昨晚一直在宿舍背生词。今天早晨我们听写生词，她应该怎么样？

学生：她会写。

学生：她应该都会写。

教师：对，我们听写的生词，她应该都会写。

教师：可是，睡了一觉，今天早晨她感觉都忘了。

学生：太不好了。

学生：太可惜了。

教师：对，太可惜了。这时候，我们可以说“安娜背了一晚上生词，但是她白背了”。为什么？

学生：因为她今天早晨都忘了。

教师：对。

教师：我们上节课留了课后作业，对不对？留的哪一页的作业？

学生：对，35 页。

教师：对，亚历山大昨晚花了一个小时做完了作业。

教师：可是，他今天早晨来交作业，发现他写的是第 30 页的作业。

学生：太可怜了。

教师：是啊。那我们用“白”可以怎么说？

学生：作业白写了。

教师：对。我们还可以说“亚历山大白费了一个小时的时间”。

教师：那“白白”怎么用？这句话把“白”换成“白白”怎么说？

教师：应该说“亚历山大白白浪费了一个小时的时间”。

二、基于“三一语法”的“必”和“必定”的教学示例

教师备课的顺序应该先弄懂结构，然后搞清楚该结构的功能，最后找出典型语境。而“三一语法”强调对外汉语教学应该关注学习者的习得，学生学习某一句型的程序应该是：先从语境开始，再隐示功能，最后明确地点明结构。下面，我们以教学“必”和“必定”的形式结构和表示“判断或推论确凿或必然”的功能作用为例，展示教学示例。

（一）语境导入

教师以“推测某人、某事”的典型语境进行课堂导入。

教师：我们上周的考试成绩出来了，你们想知道自己的成绩吗？

学生：想。

教师：安娜，你觉得你考得怎么样？你能考第一名吗？

安娜：我考得不好，我不行。

教师：胜利，你觉得你考得怎么样？你能考第一名吗？

胜利：我觉得我考得不错，可能。

教师：胜利觉得自己考得不错，他有可能考第一名。

教师：安娜，你能考前十名吗？

安娜：哈哈，我能。

教师：为什么你知道你能考前十名？对，我们班只有十名同学。这时候，我们可以说“上周的考试，安娜必定能考前十名”。

（二）隐示功能

“必定”表示判断或推论的确凿或必然。表示对自己的判断或者推论有十足的把握。

教师：“必定”表示对自己的判断或者推论有十足的把握，用于对某人、某事的推测。

教师：你的朋友有你的课程表。如果他们找不到你，看到你的课表，发现你正好有课。可以说：“这个时间，你必定在上课。”

教师：小李是个言而有信的人，就是说了什么话，就会去做。他说今晚会来，那我们推测他会来，用“必定”可以怎么说？

学生：他今晚必定会来。

教师：“必”也可以表示对自己的判断或者推论有十足的把握。我们用“必”可以说：“安娜必考前十名”“他今晚必来。”

（三）点明结构

教师：我们可以看出，“必”和“必定”的格式为“S + 必 / 必定 + VP”。

教师：“必定能考”和“必考”、“必定会来”和“必来”，大家可以看出什么规律？

学生：四个字、两个字。

教师：这是汉语音节韵律的特点，单音节和单音节搭配，双音节和双音节搭配。所以，“必定” + 双音节、“必” + 单音节的搭配更好。

学生：“必定”“必”和“一定”一样吗？“他今晚一定会来”，对吗？

教师：也对，“一定”有口语色彩，在日常生活中比较常用，“必 / 必定”有书面色彩，在我们写作文时比较常用。

（四）课堂操练

三一语法”强调“立体习得法”，即在典型语境中，将结构和功能结合起来练习。

（1）你和你的朋友在谈论小 A 今晚会干什么？你知道了小 A 今晚预定了马家菜馆。你可以跟你的朋友说？

学生：今天晚上，小 A 必定会去马家菜馆吃饭。

教师：这句话用“必”怎么说？

学生：今天晚上，小 A 必去马家菜馆吃饭。

（2）你的朋友很了解你，想帮你介绍一个女朋友，他可以跟女生怎么说？

学生：我的朋友非常优秀，你必定会喜欢的。

（3）小B是你们共同的朋友，现在我们找不到他了，以你对他的了解，你会怎么说？

学生：小B必定在篮球场打篮球

学生：小B必定在图书馆看书。

学生：小B必定在和女朋友逛街。

（4）补充“必”书面用法，拓展延伸。

这一次，他必死无疑。

坚持学习，必有收获。

第三节 基于“三一语法”的“从X到Y”句式教学

一、“从X到Y”句式教学建议

（一）“从X到Y”结构教学建议

遗漏和错序是比较典型的由于形式结构未掌握而造成的偏误类型。留学生遗漏偏误主要体现在两个方面：“从”字的遗漏和“X”成分的遗漏。错序主要体现在“从X到Y”结构与动词间的位置关系，这种类型的偏误受二语学习者母语的影响较大，其中的遗漏偏误最为严重。我们可以对“从X到Y”结构的教学提出以下建议。

1. 教学方法

由于日语、韩语等语言中没有相对应的“从X到Y”结构，英语中“from to”结构产生的阻碍性干扰，这是产生遗漏的主要原因。因此，在进行“从X到Y”教学时，教师可以通过具体的语境以及对话的方式导入此结构，帮助外国学生一开始就对“从X到Y”结构有一个初步的印象，让他们在对话中对“从”“X”“到”“Y”四个成分逐渐熟悉。

该句式是一种简单的句式，在句式中加入标记词，能使学习者更快、更有效地记忆“从X到Y”句式。教师主要是对常用的格式进行归纳，给学生直接的输入，并给出简单的解释，这样更容易让学生学习和理解这个知识点。教师要多提出一些与之相似的问题，以此来加强学生的记忆，这样既能深化他们对此结构的感悟，又能加强师生间的交互，使得课程气氛更加活跃。

2. 练习设计

（1）描述练习。教师能够灵活采用教室中的教具，指引学生按照“从 X 到 Y”的句式将正确的句子讲述出来。

（2）填空练习。教师可以采用“看图回答”的方式，让学生根据图片中的具体语境进行练习。

（3）立体式练习。教师提供具体的语境，让学生在具体语境中进行练习。

（二）“从 X 到 Y”的功能教学建议

混用偏误是仅次于遗漏的第二大偏误。“从”和其他介词混用时，词义较多，词义也比较复杂，尤其是“在”“由”“用”“对”“自”等字词的混用方面。主要是由于对功能作用的不理解而产生的偏误。下面我们对“从 X 到 Y”功能作用的教学提出以下建议。

1. 教学方法

功能作用的呈现要使用容易让学生接受和理解的词语和句子，通过问题隐示功能，学生就可以从问题中发现某些功能作用，教师再进行适当的说明。在讲解“从 X 到 Y”这一结构的时候，教师先用例句概括出基本的结构，再告诉学生这一结构是表示起点到终点的，让学生明白“X”和“Y”分别表示的作用。通过讲解，使学生了解“从 X 到 Y”的用意，也就是用在什么情况下。目前对外汉语教学大多采用引入语境作为起始，通过语境来引导学生认识知识点的方法，可见在对外汉语教学中，“典型语境”的重要性。从“从 X 到 Y”的初学阶段，学生就知道了在表达从某个起点到某个终点时可以使用“从 X 到 Y”结构。

2. 练习设计

（1）描述练习。讲解结束后，老师可以充分利用课堂上的东西和 PPT 中的图片运用具体的语境，考查学生造句的能力，如果学生有偏误，老师要及时纠正并讲解。

（2）选择题。教师通过设计相应的选择题，让学生选择运用，加深学生的理解，使学生了解句型的作用，以便其判断学生是否掌握了知识点。

（三）“从 X 到 Y”语境教学建议

1. 典型语境生活化与教学性相统一

按照“三一语法”，教学语法视域里面的语境是以学习者掌握的认知情况和习得过程为基础来确定的。认知来源于学习者累积的丰富的生活实践和生活经验，也就是说教学内容的安排和生活经验息息相关，习得阶段则与教师的教学密不可分。教师在选择典型语境时，需要深入到学生的生活实际中去，关注留学生可能会应用到的生活场景，像购物、求职、旅游等情境，细心观察并总结典型的语境，使教学语法更加贴近生活，让学生能够自然而然地将语法点运用到日常交际中去，从而提高学生学习汉语的兴趣。

2. 语境的课堂适用性

语境的选择必须适宜学习者现阶段的学习水平和接受程度。如果教师不加选择地将各种语境引入课堂，可能存在语境背后的功能作用与实际所要教学的功能作用相背离的情况，这就脱离了实际的教学目标。因此，在语境的选择上，教师既要融入生活，体现日常交际需要，也要在语境的筛选方面符合学生的实际情况，突出教学的层次性。

（四）关于教材中“从 X 到 Y”结构的编排建议

常见的几种教材都没有对“从 X 到 Y”这一语法点作详细的介绍，只对“从 X 到 Y”这一语法点作了概括性的说明，其中大部分只提到了它的基本意义和使用方法，以及一些简单的例子，还有一些教材，则只字不提这一语言点。

教科书中关于“从 X 到 Y”课时的编排，首先要明确“从 X 到 Y”课时的表达方式及功能；其次，要对“从 X 到 Y”的对外汉语教学内容进行补充。针对以上问题，作者提出了以“三一语法”为指导，从“从 X 到 Y”的结构、功能和典型语境三个方面入手，对这一内容进行系统的编排。

此外，在教材中要体现出循序渐进的教学原则，可以从有利于学生理解的结构和功能入手，最后再对较难的典型语境的内容进行讲解。在教科书上也应合理安排出现的次序，尽量避免将三种情况安排在同一节课上。同时，为了提高学生用汉语进行交流的能力，教材应与实际生活紧密结合。在举例和编排练习的时候，应选择生活中常见的事物和情景，并且要紧跟时代发展的趋势，将新的社会现象融入新的教科书当中，从而提高教科书的实用性和教学效果。

二、“从X到Y”句式教学设计

（一）教学目标

知识领域：学生掌握“从X到Y”结构，并清楚了解该框架的形式结构、功能作用和典型语境。

技能领域：学生能够依据不同的语境，正确使用“从X到Y”的结构进行练习，掌握汉语表达，完成交际任务。

学习方法领域：学生学会运用“三一语法”理论的思路，从形式、结构、语境三个方面全面认知句式，发挥主观能动性，在实际交际中积极运用。

情感领域：通过学习“从X到Y”结构，初步了解交际话语中从某一起点到某一终点的表述，理解跨文化交际中语言使用习惯的异同，提升学生学习汉语的兴趣。

（二）教学对象及课型

根据语法项目的排序，结合该结构在教材中出现的位置：句式集中出现在初中级阶段教学中，语用条件较为复杂，且语境教学需要学生积累一定的语感，故设定此次教学对象为中级水平的外国汉语学习者，在此之前已经学习过简单的“从X到Y”结构。

以学生掌握的汉语水平及教学的真实情况为基础，此次教学设计为综合课。课程分为两个课时，每个课时预计45分钟，共90分钟。

（三）教学内容

（1）“从X到Y”的形式结构、功能作用和典型语境，使学生正确区分使用语言点的语境和场所。

（2）教授该结构表起点到终点的功能，这个开始与结束，可能是一个具体的时间与地点，也可能是一个抽象的变化。

（3）交际性练习，包含情景下的接语练习和交际性练习。学生在掌握句式的正确使用规范后，能够自如运用在不同的语境中。

（四）教学步骤

如表 5-3-1 所示，以具体教学步骤为例。

表 5-3-1 “从 X 到 Y”教学步骤

教学环节	教学活动	活动说明
组织教学	教师进入课堂，提前做好上课准备。与学生相互问好，进行简单交流，提示学生集中注意力。	师生课前活动
情境导入	【情境一】 教师：今天有同学很早就到教室了，但也有同学迟到。那老师想问从宿舍到教室远吗？ 学生：不远 / 很远。 教师：这句话说完整的话，我们可以说 从宿舍到教室不远。（板书） 从宿舍到教室很远。 教师：那大家从宿舍到教室需要多长时间呢？ 学生：20 分钟 /15 分钟 教师：这句话说完整，大家一起 学生：从宿舍到教室需要 15 分钟。（板书） 教师：老师发现，大家下课的时候都很着急，急着去吃饭。那从教室到食堂远不远？ 学生：从教室到食堂不远。 教师：需要多久呢？ 学生：从教室到食堂需要 10 分钟。	教师通过创设典型语境，以提问的方式导入课堂教学，为学生提供了一个与日常学习生活息息相关的场景，同时该语境也同样使用于课堂教学，让学生提前感知要学习的句式结构。做到“语言与教学”的合一。
呈现功能	【情境二】 教师：大家看着三张图片，知道都是哪里吗？ 学生：北京、上海、广州。 教师：很好。那大家知道它们距离有多远吗？（ppt 展示距离） 教师：从北京到上海有多远？ 学生：从北京到上海有 1000 千米。（板书） 教师：好。那大家可以向老师提问 学生：从北京到广州有多远？ 教师：从北京到广州有 2000 千米。	

续表

教学环节	教学活动	活动说明
明确结构	教师板书上述环节的例句，带领学生一同概括形式结构。 从宿舍到教室不远。 从宿舍到教室需要 15 分钟。 从北京到上海有 1000 千米。 【教师语言】 教师：同学们仔细观察“从 X 到 Y”结构后边都是什么词？ 学生：不远、需要十五分钟、有 1000 千米。 教师：它们分别是形容词和动词短语。因此可以概括为：从 X 到 Y+adj/VP 功能作用：表示从某个起点到某个终点（地点） 【情境三】 教师：大家是从什么时候开始学习中文的？ 学生：高中。 教师：好。那直到现在大家还在继续学习，对吧？ 学生：是的。 教师：这时候我们可以说“我从高中到现在一直在学习中文。”（板书） 教师展示图片，要求学生仿照教师问答，两人一组进行练习。 【情境四】 汤姆两点开始弹琴，练习了 3 个小时，一直弹到 5 点。 【情境五】 丽娜马上要考试了，她早上开始复习，晚上 10 点休息。 【情境六】 《京剧大赛》的播出时间是 4 月 30 日至 5 月 9 日。 【明确】 汤姆从两点到五点一直在弹琴。 丽娜从早到晚复习功课。 《京剧大赛》从 4 月 30 日到 5 月 9 日循环播放。 【讲解功能】 教师根据以上例句，讲解例句的功能作用。 教师：汤姆从两点到五点这个时间段一直在弹琴，丽娜从早上到晚上一直在复习。说明他们在某个特定的时间范围内持续做某事。 【明确】 形式结构：S+ 从 X 到 Y+V/VP 功能作用：某段时间持续做某事。	教师创造不同的语境，让学生提前感知，并运用句式进行表达。 经过学生的展示和表达，教师将例句进行板书。

续表

教学环节	教学活动	活动说明
语法点操练	角色扮演： 背景：马克想在市中心租一间房子，他想了解一下房子到银行、超市、早餐店等地方的距离，以及这些地方的营业时间，如果你是中介人员，你怎样向马克介绍？ 要求：两人为一组，分别扮演马克和中介人员。注意用上今天所学的句式。	教师应注意操练不仅包含机械性练习，更应注意交际性训练。
课堂小结	1. 形式结构：从 X 到 Y+V/adj 功能作用：表示从某个起点到某个终点（地点）。 典型语境： （1）谈旅游，两地之间的距离。 （2）谈日常生活，两地之间需要多长时间。 2. 形式结构：S+ 从 X 到 Y+V 功能作用：某段时间持续做某事。 典型语境： （1）谈学习工作：某个时间段一直学习或工作。 （2）谈爱好：某个时间持续的喜爱。	教师回顾本节课的内容，加深学生的印象，同时从“三一语法”理论的三个方面进行指导教学。
作业	（1）假如明天放假一天，你将如何安排自己的时间，运用本节课所学的“从 X 到 Y”结构写一日计划。 （2）假如你作为学校代表要向新生介绍学校各区的教学楼，运用本节课所学的“从 X 到 Y”结构写学校一览。 学生任选其一完成。	

第四节　基于“三一语法”的预设比字句教学

一、教学总体设计

（一）教学目标

知识领域：学生掌握“A 比 B 还……”以及“没有比 X 更 Y 的了”两个句式，并清楚了解两个句式的形式结构、功能作用和典型语境。

技能领域：学生能够依据不同的语境，正确使用预设比字句的句式进行练习，掌握汉语表达，完成交际任务。

学习方法领域：学生学会运用“三一语法”理论的思路，从形式、结构、语境三个方面全面认知句式，发挥主观能动性，在实际交际中积极运用。

情感领域：通过学习预设比字句的两个句式，学生初步了解交际话语中的预期性和主观性，理解跨文化交际中语言使用习惯的异同，不断增强学习汉语的兴趣。

（二）教学对象及课型

通过对比较句语法项目的排序，结合两个句式在教材中出现的位置：两个句式集中出现在中级阶段教学中，语用条件较为复杂，且语境教学需要学生积累一定的语感，故设定此次教学对象为中级和高级水平的外国汉语学习者，在此之前已经学习过简单的比字句。汉语学习者的国籍不设限制。

基于学生的汉语水平和教学的实际情况，此次教学设计为综合课。课程分为两个课时，每个课时预计 45 分钟，共 90 分钟。

（三）教学内容

（1）“A 比 B 还……”和“没有比 X 更 Y 的了”两个句式的形式结构、功能作用和典型语境，使学生正确区分使用语言点的语境和场所。

（2）教授两个句式的主观预期的功能。

（3）交际性练习，包含情景下的接语练习和交际性练习。学生在掌握句式的正确使用规范后，能够自如运用在不同的语境中。

（四）教学重难点

1. 教学重点

（1）正确选择并运用“A 比 B 还……”和“没有比 X 更 Y 的了”的典型语境。

（2）掌握“A 比 B 还……”和“没有比 X 更 Y 的了”两个句式的形式结构。

2. 教学难点

理解“A 比 B 还……”句式的主观性和强调功能。

二、预设比字句的教学设计

（一）“A 比 B 还……”的教学设计

“A 比 B 还……”的教学设计如表 5-4-1 所示。

表 5-4-1 “A 比 B 还……”的教学设计表

教学环节	教学活动	活动说明
组织教学	教师提前进入课堂，做好上课准备。与学生互相问好，进行简单课前交流，提示学生集中注意力，准备好教材和文具。	师生课前互动。
情境导入	【情境一】   【教师语言】 教师：他们今天都是几点起床的？ 学生：大卫今天 7 点起床；小张今天 8 点起床。 教师：今天大卫和小张谁起得早？ 学生：大卫。 教师：那我们可以怎么说？ 学生：今天大卫比小张起得早。 教师：那小李今天几点起的？ 学生：小李今天 5 点起床。 教师：哇，小李今天起得真早，那我们可以怎么说？ 学生：今天小李起得比大卫早。 教师：不错，我们以为大卫起得已经够早了，没想到小李起得更早。在这种情况下，我们可以说“小李起得比大卫还早”。 【情境二】 在《蒙面唱将》节目中，某歌星的歌唱评分为 90，一位参赛选手的评分为 95。 【教师语言】 教师：在我们的认知中，歌星的评分应该会比普通的参赛选手评分高，但是在这次比拼中，参赛者胜利了。因此，我们可以这样说“普通选手比歌星还会唱歌”。	教师通过展示图片，创设典型语境，以提问的方式导入课堂，为学生提供了一个与生活相关的场景，同时该语境也适用于课堂教学活动，让学生提前感知将要学习的句式，做到“语言与教学”的天然合一。 【板书】 小李起得比大卫还早。 【板书】 普通选手比歌星还会唱歌。

续表

<table>
<tr><th>教学环节</th><th>教学活动</th><th>活动说明</th></tr>
<tr><td rowspan="2">讲解语言点“A比B还……”</td><td>教师板书上述环节的两个例句，带领学生一同概括形式结构。
小李起得比大卫还早。
普通歌手比歌星还会唱歌。
【教师语言】
教师：同学们仔细观察“还”的后面都是什么词？
学生：早、会唱歌。
教师：它们分别是形容词和动词短语。因此，“A 比 B 还……”的结构为：
A 比 B 还 AP/VP
需要注意的是：
（1）A 和 B 既可以表示人，也可以表示物。
（2）“还”的后面多数情况下是形容词，少部分为动词短语，需要跟随能愿动词，不可以直接跟随动词，不可以说“普通歌手比歌星还唱歌”。</td><td></td></tr>
<tr><td>【情境三】
今天的温度是 20℃，昨天的温度是 15℃，明天的温度预计 23℃。
教师：今天和昨天的气温相比，哪个高？
学生：今天的气温高。
教师：那我们可以怎么说？
学生：今天的气温比昨天高。
教师：那今天的气温跟明天相比呢？
学生：明天的气温高。
教师：很好，今天的气温已经很高了，但是明天又继续升温了。在这样的情况下，我们可以说“明天的气温比今天还高”。
教师展示以下情境，要求学生仿照教师问答，两人一组进行练习。
情境四：潘长江身高为 160 厘米，成龙身高 173 厘米，姚明身高为 226 厘米。
情境五：小李今年 20 岁，小明今年 38 岁，老王今年 45 岁。
情境六：小李今天花了 30 分钟学习汉语，小王花了 45 分钟，小肖花了 60 分钟。
【明确】
姚明的身高比成龙还高。
老王的年龄比小明还大。
小肖学习汉语比小王还要努力。</td><td>教师创设不同的语境，让学生运用句式表达。

经过学生的展示和表达，教师将例句进行板书。</td></tr>
</table>

续表

教学环节	教学活动	活动说明
讲解语言点“A比B还……”	【讲解功能作用】 教师根据以上例句，讲解句式的功能作用。 教师：在“姚明的身高比成龙还高”这句话中，三人的身高由低到高的是潘长江、成龙、姚明。和潘长江相比，成龙的身高已经很高了，但是姚明的身高比成龙还高，程度增加了一层。 【明确】 形式结构： A 比 B 还 +AP/VP （1）“比”是比字句的标志。 （2）“还”是副词，后面常跟形容词，教师创设不同的语境，让学生运用句式表达。经过学生的展示和表达，教师将例句进行板书。部分情况下跟随能愿动词构成动词短语。 功能作用： “A 比 B 还……”中，B 具有某种性状、程度，但 A 比 B 更胜一筹。	
语法点操练	1. 完成对话 ① A：大卫很早就来学校了。 B：……。（我还） ② A：这个牌子的电脑特别好用。 B：……。（那还） ③小丽很矮，158 厘米。小兰 150 厘米。 B：……。（小兰还） 【明确】 ①我比大卫来得还早。 ②那个牌子的电脑比这个牌子的还好用。 ③小兰比小丽还矮 8 厘米。 2. 角色扮演 背景：商店中，马克准备买一台电脑，他仍在考虑要买戴尔的还是买华硕的。因此，两个卖家正在极力向马克推销自己的品牌。 要求：三人一组，分别扮演马克、两个品牌的售货员。最终由马克决定买哪个品牌的电脑。 （参考词汇：功能、内存、上网、优惠）	教师的讲课应遵循精讲多练的原则。 教师应注意操练不仅包含机械性练习，还应注重交际性训练。

续表

教学环节	教学活动	活动说明
课堂小结	【形式结构】 A 比 B 还 +AP/VP （1）“比”是比字句的标志。 （2）“还”是副词，后面常跟形容词，部分情况下跟随能愿动词构成动词短语。 【功能作用】 B 具有某种性状、程度，但 A 比 B 更胜一筹。 【典型语境】 （1）关于人的身高、才能等方面的比较，比较谁的程度更高或更优秀。 （2）关于事物的性状的比较。 （3）关于时间、天气等方面的比较。	教师回顾本节主要内容，加深学生的印象，同时也从“三一语法”理论的三个方面指导了教学。
作业	思考一下自己国家和中国的不同，运用本节所学的“A 比 B 还……”的句式写一篇小短文，下节课提交。	

（二）“没有比 X 更 Y 的了”的教学设计

“没有比 X 更 Y 的了”的教学设计如表 5-4-2 所示。

表 5-4-2　“没有比 X 更 Y 的了”的教学设计表

教学环节	教学活动	活动说明
组织教学	教师提前进入课堂，做好上课准备。与学生互相问好，进行简单课前交流，提示学生集中注意力，准备好教材和文具。	师生互动。
情境导入	小龙　小晶晶　小巧　小星 【教师语言】 教师：上面四位同学在比身高。谁的身高最高？ 学生：小龙的。 教师：还有比小龙高的吗？ 学生：没有了。 教师：所以在这四个人之中，小龙的身高是最高的，因此，我们可以这样说“没有比小龙更高的了。”	在导入环节，教师可以选择所学句式的典型语境，引导学生初步了解语法点，使教学环节更加流畅自然。

续表

教学环节	教学活动	活动说明
讲解语言点“没有比X更Y的了”	教师首先播放几段视频，并引导学生总结视频表达的意思。 【例句展示】 ①没有比昨天的测验更简单的了。 ②没有比吃一顿大餐更让人开心的了。 ③这孩子真聪明，没有比他更让人喜欢的了。 ④现如今，没有比发展经济更重要的了。 【教师语言】 教师带领学生归纳总结句子的形式结构。 教师：大家仔细观察，在以上的几个句子中，X都是什么词呢？ 学生：小龙、昨天的测验、吃一顿大餐、他、发展经济。 教师：同学们找的非常准确，像“小龙”、“昨天的测验”是名词，“他”是人称代词，“吃一顿大餐”和“发展经济”属于动词短语。 教师：我相信大家也可以准确地把Y代表的词找到。 学生：高、简单、让人开心、让人喜欢、重要。 教师：非常棒，“高”“简单”“重要”属于形容词，“让人喜欢”和“让人开心”中的“让”是我们之前学过的使令动词，构成使令短语。 教师：大家请看下面这个句子，仔细找找与我们学习的句子有什么不同？ 没有比凉爽的泉水更好喝的水了。 学生：在“的”和“了”之间有“水”。 教师：同学们找的非常仔细，说明把刚才的结构已经记住啦。这里出现了“水”，是对泉水的概括，也就是说评价事物的范围。像我们刚刚学过的“没有比发展经济更重要的了”，我们也可以把评价范围补充出来。谁可以试试？ 学生：没有比发展经济更重要的（事情）了。 教师：非常棒！你掌握得真不错。 【明确】 没有比X更Y的了 （1）X为名词或动词性成分，主要为体词性成分。 （2）Y为动词或者形容词性成分。 【讲解功能作用】 在“没有比昨天的测验更简单的了”中，说话者在表达之前就已预设测验的简单程度，具有主观性，表示“昨天的测验最简单”。 在“这孩子真聪明，没有比他更让人喜欢的了”中，说话者预设在他认识的孩子中，这个孩子最让人喜欢，程度最高。 在“现如今，没有比发展经济更重要的了”中，说话者认为当下发展经济是最重要的事情，没有其他事情可与之比较，带有预期性和主观认知。 因此，在“没有比X更Y的了”中，“没”表示否定，表示在某个范围之中，不存在比X更Y的情况，表达的是X的程度最高的含义。	在例句展示部分，教师可以先让学生体会句义，替换为“X最Y”的形式。

续表

教学环节	教学活动	活动说明
语法点操练	1. 用“没有比 X 更 Y 的了”改写句子。 ①小李最喜欢孩子了。 ②他觉得失恋是最难过的事情。 【明确】 ①没有比小李更喜欢孩子的了。 ②他觉得没有比失恋更难过的事情了。 2. 交际性练习 向周围的朋友介绍中餐和西餐的不同，多用“没有比 X 更 Y 的了”句式。	语法点的操练需要机械练习和交际性练习相结合，在掌握句子的形式结构后，尽量让学生自主表达。
课堂小结	【形式结构】 没有比 X 更 Y 的了 （1）X 为名词或动词性成分。 （2）Y 为动词或者形容词性成分。 【功能作用】 “没”表示否定，表示在某个范围之中，不存在比 X 更 Y 的情况，表达的是 X 的程度最高的含义。 【典型语境】 （1）考试、学校、人物等带给说话人的认知体验和倾向，带有明显的主观性。 （2）对某一种情感的感受，具有最高程度的体验。	
作业	运用“没有比 X 更 Y 的了”的句式，谈谈你对中国人请客的看法。	

三、教学建议

（一）典型语境生活化与教学性相统一

根据“三一语法”，教学语法视野中的语境是基于学习者的认知经验和习得阶段而确定的。认知来源于学习者累积的丰富的生活实践和生活经验，也就是说教学内容的安排和生活经验息息相关，习得阶段则与教师的教学密不可分。

教师在选择典型语境时，需要深入学生的生活实际，关注留学生可能会应用到的生活场景，像购物、求职、旅游等情境，细心观察并总结典型的语境，使教学语法更加贴近生活，让学生能够自然而然地将语法点运用到日常交际中去，从而提高学生学习汉语的兴趣。

另一方面，语境的选择要有课堂适用性，必须适宜学习者现阶段的学习水平和接受程度。如果教师不加选择地将各种语境引入课堂，可能存在语境背后的功能作用与实际所要教学的功能作用相背离的情况，导致学生云里雾里，这就脱离了实际的教学目标。

因此，在语境的选择上教师既要融入生活，体现日常交际需要，也要在语境的筛选方面符合学生的实际情况，突出教学的层次性。

（二）引导学生树立“三一语法”理论观

授人以鱼不如授人以渔，教师在教学的过程中，可以有意识地向学生传达“三一语法”的理念，教会学生独立自主地通过形式结构、功能作用和典型语境三位一体的方式分析语法点。学生学习语言点的程序，首先是在语境中开始的，之后明确功能，最后归纳结构形式，这符合一般的教学原则，也与二语操练课堂的程序一致，在操练的课堂上学生直接入境，教师也能够简化教学语言。

在课堂之外，学习者也应主动练习教学内容，勤于思考语境下的句式，采取积极的态度使用语法点，而非一味采用回避策略。学习者在交际中及时地归纳并且运用，能够不断扩充自己的典型语境。

第六章　国际中文教育语法教学

本章主要介绍国际中文教育语法教学，主要从四个方面进行阐述，分别是教学对象与语法教学、对英语母语者的汉语语法教学、对俄语母语者的汉语语法教学、对西语母语者的汉语语法教学。

第一节　教学对象与语法教学

一、教学对象分析

教学对象分析是教学设计十分重要的一个环节。著名教学设计专家肯普（Kemp）认为，任何教学设计都是为了解决以下三个主要问题：（1）学生必须学习到什么，即确定教学目标；（2）为达到预期的目标应如何进行教学，即根据教学目标的分析确定教学内容和教学资源，根据学习者的特征分析确定教学起点，并在此基础上确定教学策略、教学方法；（3）检查和评定预期的教学效果，即进行教学评价。[①]

对教学对象的分析往往是整个教学设计的起点，包括分析教学对象的年龄、水平、动机、需求、风格、背景等多个因素。通过分析教学对象的需求和背景确定教学目标与内容，分析教学对象的水平以确定教学的起点，分析教学对象的年龄、动机和风格以确定教学策略和方法。教学对象特征的不同常常导致完全不同的教学设计，有经验的教师往往根据教学对象的改变而调整其教学目标与方法。

---

① 万嘉若，曹揆申．现代教育技术学 [M]. 北京：中国科学技术出版社，1991.

二、年龄因素

教学对象的年龄因素是影响教学设计的一个重要方面，不同年龄阶段的学习者在汉语学习过程中会表现出完全不同的认知、心理及其他学习特征，教师应设计符合特定年龄阶段学习者的教学方法。对不同年龄段学习者的特征分析以及对教学的影响如表 6-1-1 所示。

表 6-1-1 不同年龄段学习者特征及教学影响

	4～10 岁 幼年学习者	11～17 岁 青少年学习者	18 岁以上 成年学习者
认知特征	形象思维	形象思维较强，开始发展抽象思维能力	具备多种思维能力
心理特征	注意力不集中，自律性差，不能承担太大压力	注意力不易集中，自律性较弱	自律性较强，学习积极性高
语言学习特征	自然习得，内隐学习，语音较好	内隐和外显学习之间	外显学习
教学设计注意事项	生动形象、趣味性强的教学；形式多样的课堂活动、鼓励学生参与	生动实用的教学内容，形式多样的课堂活动，鼓励参与，包含适量理论化讲解	注意教学内容的系统性和知识型；保持理论讲解与操练活动的平衡

如果教学对象是幼年学习者，教师不必在教学中过分地强调语言形式，系统地讲授语法，而应让他们在大量直观形象的课堂语言实践中去学习语言、建立语言习惯。相反，如果教学对象是成年人，教师则应有目的地在教学过程中介绍语法规则，使他们能够通过分析有意识地去把握语言规律，更快更好地学习二语。

三、汉语水平

根据教学对象的汉语水平可将学习者大致分为初级、中级和高级三个层次，不同层次的学习者其教学的起点不同，教师教学的方法和侧重点也不一样。

初级阶段，首先得解决正误问题，就是得把词语的位置摆对，解决语言形式问题。教师所讲语法为形式语法，讲究句法结构，使之掌握汉语的句型、词序，是一种语法模式教学。在初级阶段，习得者必须先掌握基本句式，与此同时，教师必须将习得这些句式过程中会遇到的各式各样的词语的用法及出现条件交代清楚，使习得者能明辨正误。否则习得者难以辨误，最终也不能掌握基本句式。

中级阶段侧重语义语法的教学，使习得者具备区别语言形式异同的能力。对外国人进行的语义语法教学不是进行烦琐的语义分析，而是比较语言格式不同的语义，特别是相同或相似的格式所具有的不同语义，用以培养习得者区别异同的能力。如“三斤鱼”不同于“三斤的鱼”，前者指鱼的多少，后者指鱼的重量。从初级阶段的形式语法、句型教学到中级阶段的语义语法教学，语法教学上了一个层次。在初级阶段偏重形式、兼顾意义，到了中级阶段用形式来验证语义，可以说是形式与意义交互验证把语法教学推向深入。

高级阶段侧重语用功能语法的教学，使习得者具备区别语言形式之高下的能力。对外汉语语法教学从习得句子结构开始，继而学习结构形式所包含的语义，进而扩大到对结构形式的得体使用。语言形式得体使用的教学牵涉到形式语法和语义语法等静态描写之外的动态因素，关系到句子结构在表达中的应用和变化。从语法的语用平面来观察包括主题、述题、表达重点、焦点、语气、口气、增添、倒装、省略、变化及语值等。高级阶段语法教学的关键在于让学生了解在什么样的语言环境中，为了何种表达需要才会使用某语言形式，这样学生才能准确、得体地使用汉语进行交际。

四、学习动机

动机是学习者的内驱力，是第二语言习得中的一个重要因素，动机的类型和强弱影响学习的速度和成功程度。对学习动机的划分有多种方式，比较常见的是分为内在动机、外在动机或融合型动机、工具型动机。

内在动机：二语学习者个人对所做事情本身感兴趣，学习的动力来自学习者内部因素，如求知欲、好奇心、表现自我等。

外在动机：二语学习者受到外力推动，或外部诱因的激发而产生学习动力，如为获得文凭、升学、高分数，甚至是父母、老师的表扬奖励等。

融合型动机：学习者对目的语社团有所了解或有特殊兴趣，希望与之交往或亲近，或期望参与、融入该社团的社会生活。例如对某个国家的文化兴趣浓厚，渴望了解该国历史文化及社会知识，都会促使学习者抱着积极态度努力学习该国语言。

工具型动机：学习者的目的在于获得经济实惠或其他好处，如通过考试、获得工作、提职晋升、出国、改变社会地位等。这种把外语当作使用工具的动机，强调学习外语的某些实用目的。

一般而言，内在动机与长期成功有联系，外在动机与短期成功相关。而融合型动机和工具型动机的作用则与语言学习所发生的环境有关，当目的语是一种“外语”时（即课堂外对学习者来说不重要，比如在美国学汉语），融合型动机有促进作用；当目的语是一种“第二语言”时（即在课堂外用来进行更广泛的交际，如在中国学汉语），工具型动机更有效。

学习动机的强弱会受到下列因素的影响。

（1）学习者本人、教师及社会环境对该语言所持的态度、所认同的程度。

（2）学习成功是否会给他们带来益处，是否与其学习目的有直接关系。

（3）学习者语言学习中的表现，即是否感到自己的语言水平在不断提高。

第二节　对英语母语者的汉语语法教学

一、汉英语法对比

从汉英语法对比角度研究汉语语法问题是对外汉语教学惯用的方法。汉语语法和英语语法在很多方面上存在很大的差异。

（一）语法规则对比

汉语和英语分属不同的语系，汉语属于汉藏语系，而英语属于印欧语系，所以两者语法规则有很大差异。这些差异使得外国留学生在学习汉语过程中会出现一些错误的表达。比如，在对某个事件描述时同位语成分的遗漏。

当用汉语对某一事件进行具体描述时，一般使用同位语成分的情况比较多，并且这些同位语成分一般在汉语句子中也不省略。

但在英语语法里，表达类似情景时，与汉语相比，英语则可以在不影响语法结构完整性的前提下，省略一个同位语成分。比如：

The fact that he passed the final exam made us much pleasure.

在这句英语表达中，“that”本身没有实际的意义，它只是起语法作用。“that”前的成分是对该事情的一个概括，“that”后的成分则是对该事件的一个具体的表述。英语使用者可以把“that”前的部分省去，只保留具体表述该句子的同位语成分，即“That he passed the final exam made us much pleasure.”英语国家留学生如果在学习汉语的过程中，参照英语同位语语法特征，采取简化、类推的学习策略，套用到汉语同位语表达中，则可能会产生汉语表达中的遗漏偏误，比如：

不幸的是路途艰辛，（这）使我很惶恐。

例句中的指示代词“这”可能在留学生的汉语句子表达中经常被遗漏，从而导致句子结构不完整，表达出一个错误的句子。

产生类似语法表达错误的根本原因是英语国家留学生在第二语言习得中对汉英两种语言语法规则没有给予足够重视，经常不自觉地将母语的规则套用到汉语中。

（二）语法知识细化差异对比

英语和汉语在语法知识的运用上存在很多差异，典型的例子就是语气词的使用。英语和汉语在语气词这一语法点上有着不同的体现形式：汉语语法语气词十分丰富，汉语中语气词的语法作用是附在句子的末尾，表示全句的语气；而英语词类中并没有明确划分这一种词类。正是这个原因，语气词成了许多外国留学生学习汉语的难点。英语国家留学生在使用汉语语气词过程中经常出现语气词误用、遗漏的现象。

如表 6-2-1 所示，很清晰地反映出汉英语言在语气词上的差别。

表 6-2-1　汉英语气词差别

汉语	英语
陈述语句	没有句末标志词
疑问语句	反义疑问句中有末尾词
感叹语句	what/how 放在句首作引导词
祈使语句	Please 作引导词，位置可前可后、可有可无

由于两者的差异极大，受母语负迁移的影响，英语国家留学生在学习汉语的过程中会大量地误用、漏用汉语中十分重要的句末语气词。

比如，“啊”与“吧”混淆：

误：你出门要记得带雨伞吧。

正：你出门要记得带雨伞啊。

汉语里，“吧”能够用于祈使句的句尾，但它主要表示的是一种委婉的商量的语气。而“啊”用在祈使句的句尾则表示一种舒缓的警告或者提醒语气。而在这个例子中，表示的是一种提醒而不是商量的语气，因此，我们应该用“啊”而不用“吧”。

又比如，语气词“吗”的缺漏：

误：你能帮我带个口信？

正：你能帮我带个口信吗？

语气词“吗”一般如果用在是非疑问句的末尾，便会起到加强询问语气的作用。“能……吗”是一个表示请求的问句，此处的语气词“吗”是不能够省略的。否则，请求的语气也就消失了。而在英语里便没有这个语气词，它们的询问是用一般疑问句来表达的，所以以英语为母语的学生在学习汉语时常常会出现语气词“吗”遗漏的现象。

从以上的错误例子中可以看出，英语国家留学生经常不清楚该选用哪个语气词，也把握不准所选语气词的使用范围，因而导致语气词的错误使用。产生这些语言使用错误的原因就在于留学生在汉语学习过程中对英、汉语语法里具体语法规则之间的差别没有足够的认知和理解。

（三）语际关系对比

因为英语国家留学生的头脑里早已先入为主地有了英语的语法规律，所以对外国人讲汉语语法，不能只讲汉语本身。通过语际对比来讲解语法知识，更有利于展示汉语语法的独特特点，引起留学生更多关注。汉语中的主语和谓语之间的关系非常稀疏，主要体现在主语和谓语之间可以加一些“啊、呢、吧”等语气词来把主语和谓语隔开来表示停顿。如：

他这个人啊，一直都是别人的负担。

这件事呢，我以前提醒过你的。

另一方面，在不引起误解的前提下，主语可以省略。如：

（我）爱你。

（这几个苹果）花了不少钱呢。

而英国属于低语境文化，需要把信息明确地讲出来，所以在英语中都得是完整句。如：

来客人了。A visitor has come here.

晚上十点了。It is ten in the evening.

于是，英语国家留学生在说汉语时，因母语负迁移的影响，在使用汉语时常选用主谓必备的完整句。如果我们把该语法点作具体的比较，比如说，英语句子中存在着大量的形式主语，汉语中却没有形式主语这一语法点，这种语法现象表明汉语的冗余度小。如：

It is advisable for him to step into the shoes of others and understand them in daily communication.（对他来说，明智的做法是在日常交流中站在他人的立场上并且理解他们。）

Without mutual understanding，it is impossible for classmates to have an enjoyable campus life.（如果没有相互理解，同学们就无法拥有愉快的校园生活。）

受到母语语法的干扰，英语国家留学生就会造出下面的病句：

它不是一件容易的事情去做这件事。

他做他的作业在晚上。

很显然这种别扭的完整形式的句子，理解起来在表达上就要比地道的中文表达逊色很多，也使得语言表达啰嗦。英语这种重分析、唯恐描写不周的思维方式，与汉语重综合、重归纳、重暗示的思维方式有很大差异。若不强调这样的差异，英语国家留学生往往由于母语的影响，在英译汉时也常常倾向于保留英文原文中的某些代词、冠词等，使得译文显得累赘。

二、有效的对外汉语语法教学策略

“语言体系具有民族性。各种语言的结构体系除具有普遍性外，都有自己的民族特点。"[①] 王德春指出语言最具民族特色的部分就是语法层面，因为语法是语言的组织规律。语法通常是指语言中的词形变化和组词成句的规则。所以，在掌握一定的词汇量的基础上，还应该熟悉组词成句的语法规则，只有这些结合在一起，留学生才能有效地将词汇运用到语言交际的过程中。因此，在对外汉语教学中，语法教学具有十分重要的作用。但因为教学对象的不同，对外汉语教学中语法教学不同于本族语语法教学。为探究有效的对外汉语语法教学，结合上文中的汉英语法对比分析，针对英语国家留学生的对外汉语语法教学，我们提出以下三个教学策略。

（一）规范语法规则的使用条件

在对外汉语教学中，我们不仅要对汉语句法结构做出客观的描绘，更要讲清楚它的使用条件。比如，在名词性同位语的教学中，向外国留学生讲解它们的具体使用规则，对于外国学习者，只有在了解了各种语法现象出现的条件时，才能正确地使用汉语语法，才能表达符合汉语本身意义的语句。

怎样才是有条件的语法？以"不"为例。

作动词时：

（1）表示个人意愿，多表动作者自己主观上不想，不愿意。

昨天是他自己不去，不是我们不让他去。

（2）否定经常性或习惯性的情况。

他不喜欢打篮球，也不喜欢踢足球。

作形容词时：表示否定某种性质、状态。

这些苹果不红。

熟悉英语和汉语语法上的差异以及汉语语法规范使用的条件，能够帮助英语国家留学生减少在汉语学习过程中犯错的频率，且有利于对外汉语教师在课堂教学中的应用和延伸。讲明各种语法现象出现的条件，也有利于英语国家留学生恰当使用汉语进行交际。

（二）细化语法知识讲解

教英语国家留学生汉语语法与教本族人汉语语法侧重点不同。对于以汉语为

① 王德春．语言学通论 [M]. 北京：商务印书馆，2020.

母语的中国人的语法教学，只需要使他们了解一些最常见的规律，比如，语气词的用法等，然后使他们长期积累的语感来表意，那么表达出来的句意基本上都是正确无误的。而英语国家留学生学习汉语语法，若只掌握汉语中最简单的语法规则是远远不够的。赵元任在吕叔湘译本《汉语口语语法》序表述，“把应该对中国人说的话都准确的译了，把不必对中国人说的话跟例子删去了。”① 即对外汉语教师在语法教学过程中，需要将语法知识深化和细化。比如，“被”字句，从语义层面分析，英语国家留学生一般认为“被字句”的主语只是受事，是动作的对象。而事实上，“被”字句中主语位置上的名词性成分与动词的语义关系并非如此简单。在“他被老师批评了”“绳子被他们捆箱子上了”“他被大蒜弄得满嘴臭气”等“被”字句中，“被”前的名词性成分分别是动词的受事、工具、施事。中国人在学习这个语法规则过程中不会感觉困难，但是从英语国家留学生思维角度分析就容易产生错误，在英语中，被动语态表示主语是动作的承受者，即行为动作的对象。

又比如说，按照词的语法功能划分出来的词类，在对外汉语教学中，还必须进行更细一步的划分。比如说，“雨”有大雨和小雨之分，小雨可以用“飘着”来表示，大雨就不行。仔细分析，上述例子中的搭配问题其实并不归属于语义范畴，而应该归属于语法知识范畴。这种比较窄的语法规则对本族人是无需讲的，对外国人却不能不讲。因此，在对外汉语语法教学中涉及的语法规则，其使用范围与教学必须明确给外国留学生讲解得尽可能的细致与深入。

第三节　对俄语母语者的汉语语法教学

一、对俄汉语初级语法教学重点难点内容

（一）对俄汉语初级语法教学重点

语法教学首先是为学习者日常的语言交际活动服务的。因此，本阶段语法教学的重点是日常交流中常用到的语法。《汉语水平等级标准与语法等级大纲》是

① 赵元任．汉语口语语法 [M]. 北京：商务印书馆，1979.

国家对外汉语教学领导小组办公室汉语水平考试部制订的对外汉语教学的等级标准和水平大纲，对确定汉语语法教学的重点有借鉴意义。《汉语水平等级标准与语法等级大纲》是对外汉语教学总体设计、教材编写、课堂教学和课程测试的主要依据，也是中国国家级汉语水平考试（HSK）的主要命题依据。大纲按照汉语语法常用与否将其划分为甲、乙、丙、丁四个不同等级。其中甲级语法为最常用语法，乙级次之，按照此顺序，语法的使用频率依次降低。

初级阶段语法教学的重点应为甲级语法与部分乙级语法。这些语法是日常交际中最常用。学生只有正确地掌握这些语法规则，才能说出地道的汉语。

（二）对俄汉语初级语法教学难点

学习者在学习目的语的过程中，受其母语自身语法规则影响，对目的语语法的接受有一定困难。若是目的语与母语中存在相同的语法形式，学习者在学习目的语语法时就比较容易理解、接受。相对而言，若目的语中的某一语法在母语中不存在，学习者便很难理解这一语法形式，这也导致了学习者难以正确使用这一语法。因此有必要将汉语与俄语在语法层面进行比较，发现其中异同，找出对俄汉语语法教学中的难点，预设解决方案。

语法分为词法和句法两部分。在词法层面，俄罗斯留学生常常会出现各类词的误用问题，主要体现在量词、连词、介词等虚词及某些动词的误用；而句法层面则主要体现在固定搭配、句式及语序的不准确。在对俄汉语教学过程中，以下问题往往是难点。

（1）趋向补语。汉语中通过丰富的趋向补语来表明动作的趋向性。对俄罗斯留学生来说，趋向补语的误用是常见的错误。

（2）“把”字句。“把”字句这类处置式句型中，介词与补语的选择是俄罗斯学生容易出现错误的地方。

（3）量词。汉语中存在大量的量词，不同的名词或动词会搭配不同的量词。俄语中量词比较少，数词和名词可以直接连用。但汉语中，通常情况下数词必须加量词才可以和名词连用。

（4）连词。连词是用来连接词与词、词组与词组或是句子与句子的词。在特定的语境下需选择特定的连词。有些连词语义相近或在句子中位置特殊，给俄罗斯留学生造成了一定的困扰。

（5）复句关联词。复句关联词的选择如连词一般，每一个关联词都有特定的使用语境，如果俄罗斯留学生不能准确地掌握这些规则，就很容易出现语法错误。

对俄汉语语法教学作为对俄汉语教学的重要组成部分，一直是对俄汉语教学中的重难点。各国语言与汉语之间存在巨大差异，因此对俄汉语教师仅依靠语言描述难以将语法点讲授清楚，而利用意象图式则可以有效降低语法教学的难度。但现阶段，关于意象图式的研究多集中在语言点的具体运用上，如意象图式在“把”字句方面的应用、意象图式在趋向动词方面的应用等。以下将会对常用意象图式进行分析，以期为对俄汉语语法教学提供参考。

二、意象图式应用于对俄汉语句法教学

（一）基于意象图式的语序教学

语序是指语言中语素和词的次序组合，是汉语中非常重要的表达手段。由于汉语不需要词形变化，主要是靠语序和虚词来表达其语法意义，相同的词按照不同的顺序在语句中排列，其表达出的意思可能会完全不同，语序教学一直是对外汉语教学中的重难点。语序就像是语言中的一种规则，任何语言都存在其自己的规则，留学生们来自不同的国家，其母语的使用习惯会极大地影响汉语作为第二语言的学习，这无论是对老师授课还是对学生学习都会产生极大的困难。

1. 汉语的基本语序

汉语和俄语都是以主语和谓语作为句子的主要成分，缺一不可。汉语一般的语序是主语在前，谓语在后，位置比较固定不会发生变化。俄语中主语和谓语的语序与汉语大致相同，但也有将谓语放在主语之前的情况。

如果单凭语言，很难将汉语和俄语的语序规则区分清楚，利用更加直观的意象图式会更有利于留学生理解和学习，例如汉语的基本语序，可以用意象图式表示（图 6-3-1）。

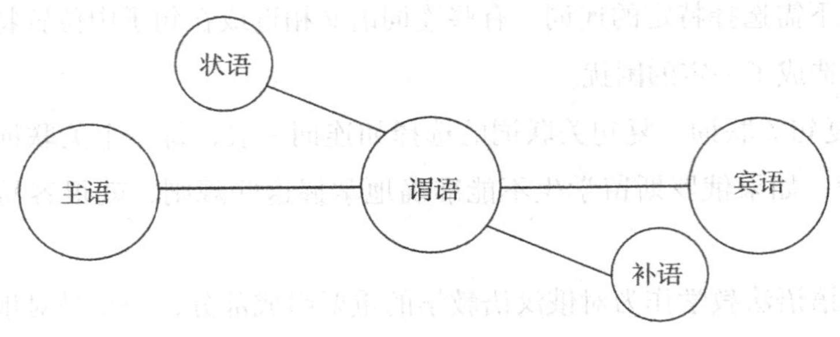

图 6-3-1 汉语的基本语序

我 篮球 打 到天黑 在篮球场 打

上述例子为 HSK 考试的常出题型“连词成句”，这道题主要考查学生对语序的掌握。分析可知：“我”为主语，篮球为“宾语”，“打”为谓语动词，“到天黑”则为补语，“在篮球场”是地点状语。根据意象图式可知语序应为：主语 + 状语 + 谓语 + 宾语 + 谓语 + 补语，因此，它应为“我在篮球场打篮球打到天黑”。

除此之外，在对外汉语教学中学生对汉语语序方面还存着许多问题，例如多层状语语序、多层定语语序等。

2. “越 B 越 A”的语序

在“越 B 越 A”这个句式中，A 是形容词，B 是动词，指状态 A 随着 B 的变化而发生改变，如：“他越跑越快”“她越长越漂亮”。

如图 6-3-2 所示，通过对坐标系的横纵轴相关性的展示与联想能让留学生充分地认识到形容词 A 与动词 B 之间的关联。随着 B 的增加，A 也在增加。但并不是任意一个动词和形容词都能应用这个语法，要满足动词 B 与形容 A 具有相关性的条件。

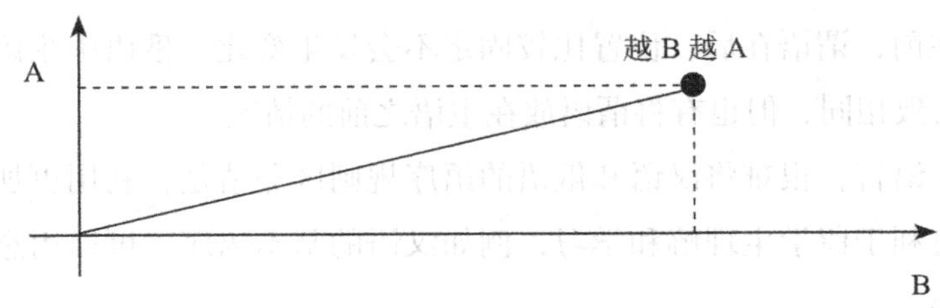

图 6-3-2 “越 B 越 A”的语序

①他越跑越快。

②她汉语越说越好。

③他越快越吃。（×）

例①随着“他”跑步进程的持续，跑的速度也越来越快，“快”是随着“跑”这个动作所产生的状态变化。因此我们可以说：“他越跑越快。”同理，例②“好”是“说”这个动作持续发生之后产生的变化。但是一些留学生在接触语法之初，只记得语法形式却忘记 B 是动词，A 是形容词。在俄语中没有与“越 B（动词）越 A（形容词）”对应的直接用法，只有类似“越 B（形容词）越 A（形容词）”的语法形式——“ч е м+形容词比较级，т е м+形容词比较级”。因此，俄语学生有时会弄错 A 与 B 的顺序。此时教师在教学时就要强调“越 B（动词）越 A（形容词）”的逻辑性，让学生记住其语义是随着动作 B 的持续发生，产生了状态 A 的变化。

综上所述，意象图式可以清晰明了地展示词汇之间的排列顺序，使学生迅速掌握语法结构，从而促进其汉语的学习。

（二）基于意象图式的趋向补语教学

与变化相关的意象图式不局限于线性意象图式，在部分词的不同语境下也可以是点状的，针对此问题，本部分将会选择较为典型的表示变化的词做出解释说明。

意象图式在表示方位和方向的意义上有很强的明示性，这一点在趋向动词和趋向补语的教学中有很重要的意义。趋向补语对于留学生来说一直是一个重难点，在俄语中有表示趋向性的词缀，但是其用法及意义与汉语趋向补语完全不同，因此，俄罗斯学生在学习趋向补语时虽然能够理解趋向补语的概念，但是其用法和具体的语义会给学生造成较大的学习障碍。

在复合趋向补语的部分引申用法教学中，意象图式也可以发挥作用。这一语法意义可以表示为在此基础上派生出“上／下＋来／去”“进／出＋来／去”“回来／去”“过来／去”等，可以把具体图式用于相关语言点的教学。本部分就常见的几组趋向补语进行对比分析，用意象图式辨析其中异同，帮助俄语学生更好地掌握其用法。

1.“来”和“去”

许多国家的语言中缺乏与方位和方向有关的词汇，这就造成了学生由于母语中缺乏此类词汇而无法理解汉语词汇的情况，通过利用不同的射线、界标以及所经过的路径组成的简单的意象图式来辅助教学，可有效帮助学生理解此类词汇中隐藏的相对位置、形状、尺寸、维度等信息。在汉语中，当与说话主体趋向于远离时，用“去”；当向说话主体靠近时，则用“来”（图 6-3-3）。

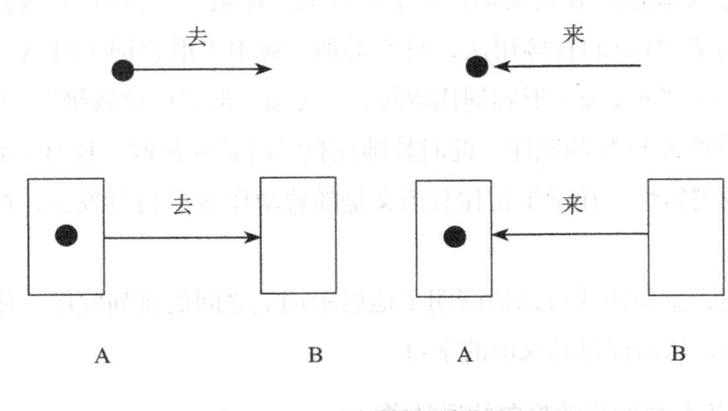

图 6-3-3 “来”和“去”图示

在图式中，若 A 为说话人，B 为目的地或方位，那么可以看出，当说话人使用“V+ 去”时，中心点的趋向是 B，离中心点越来越远；而当说话人使用“V+ 来”时，中心点的趋向是 A，离中心点是越来越近的。

“来”和“去”作为趋向补语，其语法义与词汇义是相通的。通过教学发现，在趋向补语教学中使用意象图式，能够很好地起到预防和纠正偏误的作用。

在俄语中，表示动词趋向是通过给动词加后缀的方式实现的，如表示“来这儿”可以用“+ с ю д а”，表示“去那儿”的意义可以用“+ т у д а”来表示。受词后缀的影响，俄罗斯留学生在使用这个语法时会弄错趋向补语的位置，说成“这儿来”“那儿去”。这个语法本身没有问题，但是复杂趋向补语对俄语学生来说是一个很大的障碍，为了分析复杂趋向补语，必须先把简单趋向补语弄清楚才行。

①玛丽把我的书拿来了。

②他向图书馆走去了。

③这本书你拿去看吧。

与“来”有关的补语一般都是指向说话人的，而与“去”有关的补语则是背向说话人的。因此，我们可以看出，在上述例句中例①“我的书”是离说话人越来越近的。例②“他”和例③“这本书”都是离说话人越来越远的。

2.“下来”和“起来”

“下来”有表示使动作或状态固定、不变的用法，比如“车慢慢停下来了”。可以用意象图式表示（图 6-3-4）。

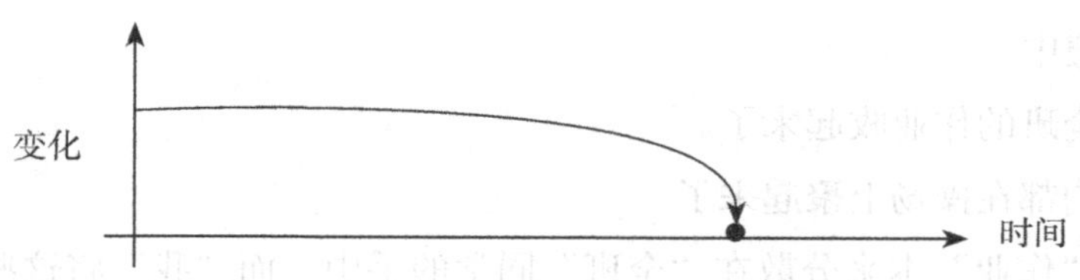

图 6-3-4 “下来”意象图式

学生在学习过程中常常将“起来”和“下来”混淆，表示动作或状态开始的“起来”，如“说起来”“热起来”“唱起歌来”等，其语法意义也与时间概念相关，但“V/A 起来”表示程度或强度越来越高，“V/A 下来”表示程度或强度越来越低，所以可以表示状态或强度随时间的变化（图 6-3-5）。

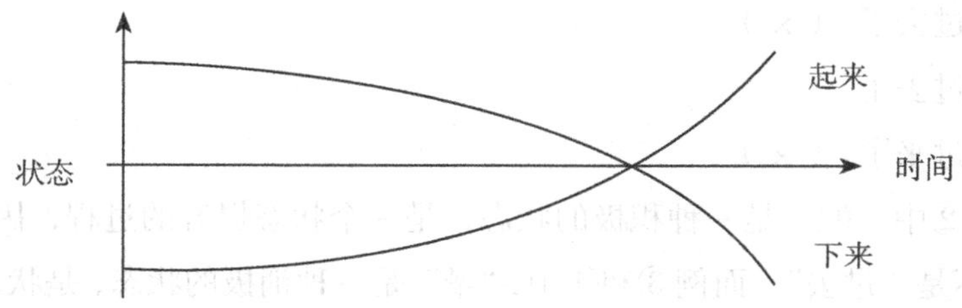

图 6-3-5 状态或强度随时间的变化

①天慢慢亮起来了。

②天慢慢暗下来了。

但当“起来”和“下来”不强调时间时，也可以表示状态的降低或提升，如沉寂时可以用“下来”表示，而升腾的状态可以用“起来”。

③教室里渐渐安静下来了。

④教室里渐渐热闹起来了。

⑤把车停下来。

⑥慢慢平静下来。

四个例句中，“安静”“停”“平静”都是状态趋向于平缓或静止，因此在选择趋向补语时应该使用“下来”，而例④中“热闹”是状态的升腾，因此应该搭配趋向补语“起来”。

除了以上区别，“起来”还有一个独特的状态趋向，即表示事物或人的状态从分散变得集中。

⑦我把全班的作业收起来了。

⑧同学们都在操场上聚起来了。

例⑦中“作业”本来分散在“全班”同学的手中，而“我”将这些分散的作业集中在一起，因此用“起来”。例⑧中，“同学们”本来分散在“操场上”，“聚”是一个集中的过程，因此也可以用趋向补语“起来”。

3.“过来”和“过去”

与“起来”“下来”相似，“过来”和“过去”在作为趋向补语时具有动态特征的引申用法，“过来”指状态随着时间变好，“过去”指状态随着时间变差。

①他醒过来了。

②他醒过去了。（ × ）

③他晕过去了。

④他晕过来了。（ × ）

例①和②中“醒”是一种积极的状态，是一个状态提升的过程，因此应该用“过来”而不是“过去”。而例③和④中，“晕”是一种消极的状态，是状态的下降，因此可以用“过去”，而非“过来”。

4.“V 回来”和“V 回去”

在复合趋向补语的部分引申用法教学中，意象图式也可以发挥作用。这一语法意义可以表示为在此基础上派生出“上 / 下 + 来 / 去”“进 / 出 + 来 / 去”“回来 / 去”“过来 / 去”等具体图式并用于相关语言点的教学，其中“回来 / 去”可用意象图式表示（图 6-3-6）。

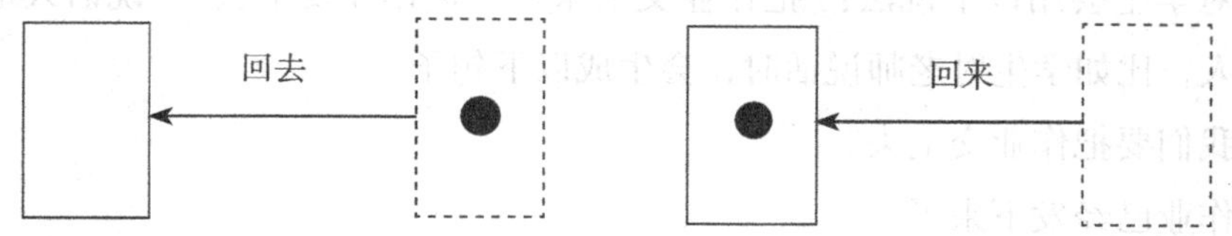

图 6–3–6 “回来 / 去”意象图式

①我上周在图书馆借了几本书，准备下午把书还回去。

②我现在去把落在咖啡馆的钥匙取回来。

例①“我”准备把书还给图书馆，这个过程中书是离说话人越来越远的，所以应该使用“回去”。而例②钥匙本该在说话人的身上，但被说话人落在了咖啡馆，“取”的这个动作让“钥匙”离说话人越来越近，因此这里应该使用“回来”。“回去 / 来”通常与动词搭配使用，例如“拿回去 / 来”。

③这本书已经用不着了，请你拿回去吧。

④请你把我的书拿回来。

5.“V 上去”“V 下去”“V 上来”“V 下来”

当说话人位置在目标位置之上时，从说话人角度看，是“V 上来”，从目标角度看，是“V 下去”。当说话人位置在目标位置之下时，从说话人角度看，是“V 上去”，从目标角度看，是“V 下来”。

此类可表示动作行为主体对受事造成的位置的移动的趋向，如：

①我把画儿拿下来。

②我把画儿贴上去。

在教学的时候我们可以设置情景，比如说话人是快递员，目标位置是收件员，快递员会说“我把快递送上去吧”“请你下来拿快递”；当说话人是收件员，目标位置是快递员时，收件员可以用以下说法：

③我下去拿快递。

④请你把快递送上来。

经过引申，可以从位置高低引申到地位的关系。地位高的人给地位低的人东西可以用“V+ 下去”；地位低的人给地位高的人东西可以用“V+ 上来”。

说话人地位高于受话人，比如教师和学生之间的对话，教师比学生地位高，那么他对学生会用以下说法："把作业交上来。""把作业发下去。"说话人地位低于受话人，比如学生对老师说话时，会生成以下句子：

⑤我们要把作业交上去。

⑥作业已经发下来了。

"V 下来"和"V 下去"还可以表示状态的延续，这种延续包括过去、现在和将来三个阶段。

"V 下来"指的是从过去到现在，"V 下去"可以指从现在到将来，也可以是从过去到将来，从来没有中断过。

⑦汉语很难学，但我还是坚持下来了。

⑧现在我正在学汉语，一定要坚持下去。

⑨虽然汉语很难，但我已经学了一年了，我还要坚持下去。

6. "V 不下 / 进去"

可能补语中有一类涉及事物的空间量，表示两种食物在空间上是否存在容纳与被容纳的可能性。根据研究，可能补语的否定式教学应该先于肯定式，我们可以用"V 不下 / 进去"图式进行教学（图 6-3-7）。

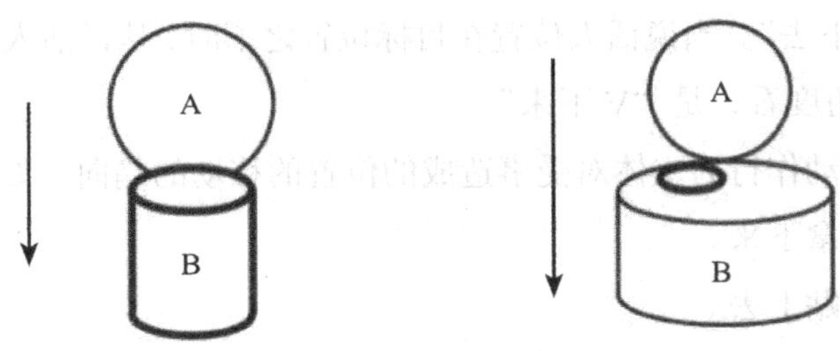

图 6–3–7 "V 不下 / 进去"图式

表示 B 不具有容纳 A 的可能性时用"V 不下去"，如"吃不下去""装不下去"。当想表达容器 B 的入口不能足以容纳 A 时，用"V 不进去"。如图所示：

①这个瓶子（B）太小了，这颗球（A）放不下去。

②这个瓶子（B）口太小了，这颗球（A）放不进去。

在例句①中，球（A）无法进入瓶子（B）是因为瓶子本身太小，因此要使用“放不下去”；例句②中，球（A）无法进入瓶子（B）则是因为瓶子口太小，与瓶子本身的体积无关，因此要使用“放不进去”。

综上所述，意象图式在趋向补语教学层面的应用较为广泛，即意象图式主要用于表明趋向补语的内在趋向性，即语义指向。利用意象图式，留学生可通过直观的图式明确句子语义中主语的位置，以及在趋向补语的辅助之下的动词的语义指向，即动作的方向，从而促进汉语语法教学。

（三）基于意象图式的句式教学

这里不全面论述句式教学的方法，只是提及其中与意象图式相关的部分内容。

1.“把”字句中的“到”和“在”

“把”字句，是汉语中的一种主动式动词谓语句，其教学在对外汉语语法教学中处于初始阶段，该阶段学生掌握的句法结构较少，而且“把”字句作为一个汉语中基础性的句法结构在其他语言中鲜少出现，因而学生在学习“把”字句时产生的语序方面的偏误较多，本部分将“把”字句单独列出。

“把”字句是一种“处置式”句式，因为搭配的动词对宾语作出了“处置”，比如使其位置改变。“把”字句在改变宾语位置时常和介词组合使用，如“把……V到……”和“把……V在……”。这两种句型都是主语改变了宾语的位置，学习者在使用句型时常常出现错误。如：

①我把书拿在宿舍。（×）

②李老师把他带在办公室去了。（×）

造成这样问题的原因，是学习者没有理解介词“到”和“在”的语义区别。二者的区别在于移动距离的远近，移动距离相对远的，常常用“到”，而相对近的则可以使用“在”。

2.比较句中的“倍”

量词“倍”也是俄语学生汉语学习过程中的重难点之一。“倍”是指与原数相等的数，某个数字的几倍就是用几乘上这个数字，“倍”的常见用法有“A是B的N倍”和“A比B多N倍”（实际A是B的“N-1”倍）。

俄语里没有“A是B的N倍”这样的说法，在俄语中表示倍数都是含有原有部分和净增加两部分。如：

①Аня в два раза выше, чем Мадинь.

②Моя гостиная больше твоей в три раза.

例①和例②若直接翻译成汉语，分别是“安娜的身高增加到马丁的两倍”和“我家客厅大到你家的三倍”或“安娜的身高是马丁两倍”“我家客厅是你家的三倍”。也可以译成“安娜的身高比马丁的高一倍”和“我家客厅比你家的大两倍。”所以俄语学生在使用“A 比 B 多 N 倍”时，常常会错用成“A 是 B 的 N 倍”（图 6-3-8）。

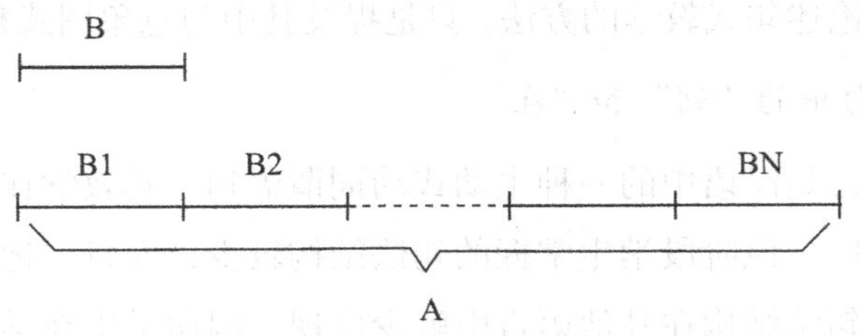

图 6-3-8 “A 是 B 的 N 倍”语法

利用分段的意象图式来进行倍数的教学。在这方面的教学中，重难点是“A 是 B 的 N 倍”等于“A 比 B 多（N-1）倍”。

③我有三个苹果，玛丽有一个苹果，我的苹果比玛丽的苹果多三倍。（×）

④我有三个苹果，玛丽有一个苹果，我的苹果比玛丽的苹果多两倍。

⑤我有三个苹果，玛丽有一个苹果，我的苹果是玛丽的苹果的三倍。

在这三个例句中，已知“我”有三个苹果，“玛丽”有一个苹果，如果想表达 A 比 B 多多少倍的概念，则应是 A 多的部分是 B 已经有的多少倍。“玛丽”有一个苹果，那么按照图式，B 就是一个苹果，“我”有三个苹果，则图式中 A 的部分为三个苹果，将 A 划分为以 B 为单位的多段，则 A 包括 B1、B2、B3 共三段，那么 A 比 B 多（3-1）倍，此时我们可以说：“我的苹果比玛丽的苹果多两倍。”

3. 存现句中的“发生”和“变化”

“发生”和“变化”亦有动态特征的引申用法。“发生”通常是指原来没有出现的情况出现了。如：

①这栋房子刚刚发生了火灾。

而“变化”是指事物被另外的事物所取代。如：

②家乡的变化真大，我简直都要认不出来了。

如图 6-3-9 所示，箭头代表事物发生了改变，可以明显看出“发生”通常是指从无到有，而“变化”则指事物前后不一致。

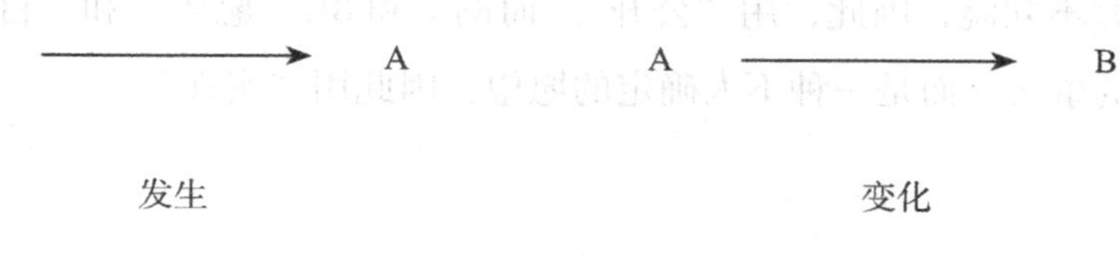

图 6-3-9　“发生”和“变化”图式

③半小时前这里发生了车祸，救护车正赶往现场。

④天空中的云不断变化，一会儿像一座山岭，刹那间又变成海浪。

例③中，车祸是从无到有的，是本来没有的事情后来出现了，所以使用“发生”。例④中，天空中的云从山岭的形状变成海浪的形状，前后形状不一样，因此这里要使用“变化”。

除此之外，表示存在、变化、消失的动词也经常具有时间的语义，但是这些语义具有抽象性，特别是与近义词同时出现时，很难用语言解释清楚它们之间的差别，学习者容易出现使用偏误，但是这些近义词在时间变化上的区别可以用意象图式比较简单清楚地向学习者展示出来，比如“公开”和“实现”。

“公开”是指某一件事物本来已经存在，但是大部分人不知道，此时让所有人都知道的行为。“实现”是指一个愿望或者想法经过一系列努力而产生，是一个从无到有的过程。

如图 6-3-10 所示，“公开”是一个从隐藏到出现的过程，而“实现”则是一个从无到有的过程。

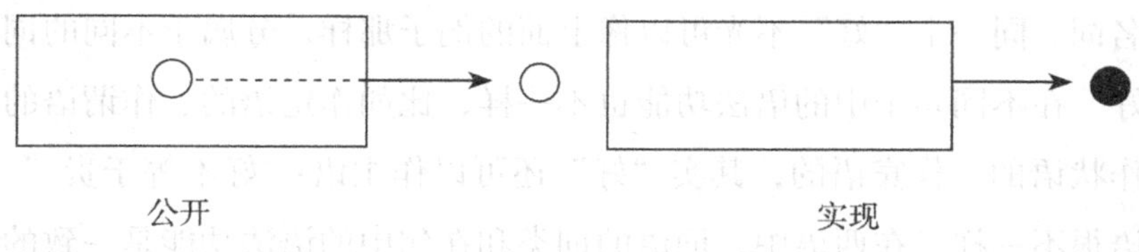

图 6-3-10　“公开”和“实现”图式

⑤这个秘密即将被公开。

⑥那个明星公开表示即将结婚。

⑦爸爸帮助我实现了生日愿望。

⑧他凭借不懈的努力实现了考一所好大学的目标。

例⑤和⑥中，“秘密”和“即将结婚”都是已定的事实，当事人都已经知晓，但是其他人并不知晓，因此，用“公开”。而例⑦和⑧，“愿望”和“目标”都不是已经确认的事实，而是一种不太确定的愿望，因此用“实现”。

第四节　对西语母语者的汉语语法教学

一、西班牙语与汉语的差异

汉语属于汉藏语系，是孤立语。而西班牙语属于印欧语系，是屈折语。两种语言的语法规则存在巨大明显的差异，学习者母语的使用习惯不可避免地会干扰汉语的学习。

（一）词形变化方面

西班牙语作为屈折语，它有着丰富的形态变化，它的语法关系完全可以通过形态的变化来表达，和词语之间的排列顺序并没有多大关联。与此相反的汉语作为孤立语，并没有任何词形变化，也没有词类的标记。在汉语中，同一个词处于句子的不同位置能够表达出不同的意义。这是因为汉语并不依靠形态变化，而是依靠虚词和语序来决定句子的语义。比如汉语中“好”这个词，它可以有许多词性，例如：“好东西”“他身体很好”“面条煮好了”这些是作形容词。“今天课堂好安静”这是作副词。“这些事情都好解决”这是作助动词。“帮我向她问个好”这是作名词。同一个“好”不光可以像上面的例子那样，分属于不同的词类，有时候“好”在不同句子中的语法功能也不一样，比如作定语的、作谓语的、作补语的、作状语的、作宾语的，其实“好”还可以作主语：“好不等于贵。”这点和西班牙语很不一样。在西语中，词语的词类和在句中的语法功能是一致的，西语中的形容词只能在句子中充当表语或定语。因此这就造成了西语学生在学习汉语中必须要注意词类和功能在两种语言之间的转化，否则很容易出现偏误。

（二）动词变位方面

西班牙语有着丰富的动词变位，而汉语并没有。西语中的动词一旦进入句子就必须变位，变位后的动词就能显示出其语法范畴，所以它的语序显得不太重要。而汉语没有任何的动词变位，能体现句子语义的语序就显得尤为重要了。我们拿两种语言的时态系统举例来说明这个问题。汉语中用动词来表示时间，而对于时间的描述有两种角度：一是“时”，二是“体”。“时”是相对于说话人说话的时刻来确定过去、现在和未来，“体”则表示动作实现的状态，比如始发、进行、持续、完成等等。汉语的“体”主要用动态助词和动词重叠的方式表达。它还有一些特点:（1）一般情况下，“时”与“体”没有直接关系，“体”的动作可以发生在说话时的过去、现在或者将来;（2）“体”大概有进行体、持续体、经历体、完成体和短时体;（3）带有“体”标记的动词在句中可以有很多可能的位置。而上面所说的汉语的情况和西语完全不同，西班牙语的时态系统完全是靠动词复杂的变位来体现的，于是西语学生学习汉语时，往往需要适应汉语的“体”的思维方式。

（三）词序方面

因为汉语的词不依靠形态变化，句子的语义和结构通过词序来进行区分。甚至有的时候，词类的区分也要依靠词序。而西班牙语和汉语在词语方面的差异是很大的。例如：

中：这是 我妹妹 的 裙子。

西：Éste es una falda de mi hermana menor.

中：这间 大的 卧室 是我的。

西：Este dormitorio grande es mío.

由此看出，西班牙语的修饰语一般是放在被修饰的词之后，但是汉语却是相反的。同样的，在时间上，汉语习惯按照事情发生的先后顺序来安排词序，而西班牙语则习惯“逆序”的表达方式，先发生的事情反而后说。词序之间的种种不同也导致了偏误的产生。

二、语际的负迁移导致偏误产生

正因为西班牙语和汉语在语序上的差异较大，学习者一般很难一下适应，如果在使用过程中遇到困难，往往就会求助于母语，而母语会对目的语产生干扰，这就是语际的负迁移。

（一）主谓结构中的语序偏误成因

1. 简单句中的语序偏误成因

简单句中的语序偏误一般只集中在西班牙语学生学习汉语的起步阶段，因为处于这个阶段的学生才接触汉语，对汉语的语法规则不熟悉，也根本谈不上系统的认识，这时他们只是一味单纯地将自己母语中的语序应用于目的话语之上，生搬硬套，一一对应地翻译。这种偏误很容易克服，后期也不会再出现，成因也比较单一，在此就不详细叙述了。

2. 兼语谓语句中的偏误成因

由于西班牙语有动词变位，在句中往往能够很直观地判断出动词的主语，所以许多时候西语的主语都是省略的，这样依然能够保持句子的完整。汉语的兼语谓语句与西班牙语中的宾格主语句相对应，但是由于西语中习惯的省略，让西语学生在汉语学习的过程中并不能很容易地看出兼语谓语句中动词的施事和受事，于是才会在翻译和使用中产生相应的偏误。于是我们可以这样说，这一类别的语序偏误是由其母语的影响所引起的。

3. 受事主语句中的偏误成因

在汉语的受事主语句中，句子表达的是被动的意义，但是却不用“被”这样的介词来表示，能让句子产生被动意义的是通过语境，这时要是在这样的句子中加入“被”等介词反而不符合语法语用规则。而西语中的被动语态都有明显标记，要么由助动词的分词构成，要么由代词和动词的第三人称变位构成，表达方式相对来讲比较固定。这样一来使得受事主语无论是放在句末还是句首对句子的意义并没有改变，这与汉语有很大出入。之所以会出现受事主语句的偏误，是因为西班牙语学生直接将母语的被动语态运用到了汉语中。

（二）定语中心语结构中的语序偏误成因

汉语的定语一般在中心语的前面，这与西班牙语恰恰相反，在初学阶段，学生还没有完全脱离母语表达方式的定式和母语思维，从而很容易产生语序上的偏误。例如：

①文件新的在桌子上。（ × ）

正确的汉语：新的 文件夹 在桌上。

西班牙语：La carpeta noeva está　en la mesa.

当出现了一个较长的定语修饰部分，往往也容易出现语序偏误。特别是当几个不同词性的定语修饰一个中心语的时候，情况往往很复杂。学生在翻译的过程中需要分析句子的主体部分，并且还要找出被多个定语修饰的中心语，这是翻译中的难点，也是容易出现偏误的地方。例如：

②新老师的你朋友是我的表姐。（ × ）

正确的汉语：你朋友 的 新老师 是我的表姐。

西班牙语：La nueva profesora de tu amiga es mi prima.

正是因为学生没有找到句子的主语部分，完全按照西语本来顺序进行翻译，所以才造成了这样的偏误。

（三）状语结构中的语序偏误成因

在汉语中状语主要是由副词来充当的，汉语的副词作状语的位置是固定的，它必须要在谓语中心语的前面。但是西班牙语的副词却不一样，它的移动性非常强，也可以说西语句子中副词的位置是灵活而自由的，西语中的副词既可以放在句首，还可以放在句子中间或者句末，一般来说主要放在句首和句尾。而汉语的状语往往不能出现在句末，两者的差异造成语序上的偏误。例如：

①我想去看电影明天。（ × ）

正确的汉语：我 明天 想去看电影。

西班牙语：Quiero ir a ver una película mafiana.

此外，由于东方人和西方人的思维顺序不一样，语言上也有许多的差异之处，其中语序的不同也是其中明显的一点。西班牙语中习惯将句子的主要部分也就是主谓宾先表述出来，再将状语等部分放在句子的后面，有时形成一个状语从句。

而汉语中人们习惯将状语等句子的次要成分表述出来，再表述句子的主要部分。于是西班牙语学生学习汉语的过程中，受到了母语负迁移的影响，产生了许多的语序偏误。例如：

②我们准备考试在图书馆。（×）

正确的汉语：我们 在图书馆 准备考试。

西班牙语：Preparamos el examen en la biblioteca.

（四）补语结构中的语序偏误成因

在汉语中，补语是谓语动词或者是出于形容词后面的起到补充说明作用的成分，动词或者形容词的位置在补语之前。例如：

①你听懂了。

我看清了。

我准备好了。

②敌人害怕得发抖。

他高兴地蹦起来了。

然而在西班牙语中，根本没有动词带补语的语法现象。上述的例句翻译成西班牙语是这样的：

① Comprendiste.

Veo clarste.

Estoy listo.

② El enemigo temblaba de miedo.

Saltó de alegria.

这些句子翻译成西语，有的只需要一个动词就能表示，有的是在动词后面加形容词，而有的是将补语的动词当作主要的动词。这些句子除了在动词后面加形容词这一方面和汉语相同，其余的情况和汉语简直是天差地别。

西语学生在学习汉语时，产生的补语结构中的语序偏误往往也和他们的母语习惯相关。例如：

③我不学得好。（×）

正确的汉语：我学得 不 好。

西班牙语：No estudio bien.

④他蹦起来得高兴。（ × ）

正确的汉语：他高兴得 蹦起来。

西班牙语 Saltó de alegia.

由此可见，之所以产生补语结构中的语序偏误，母语负迁移是个重要原因。

三、对西语母语者的汉语语法教学对策

（一）合理运用教学方法

1. 结合发现法和归纳法

一般来说，学习汉语的西班牙人都是抱有一定学习目的的成年人，他们迫切地希望在很短的时间内就能掌握汉语，从而能达到自己的目的。而且因为他们是成年人，善于思考，他们不太喜欢死记硬背，而喜欢总结出规律来加深理解。作为教授他们的老师，针对这种情况，应该在课堂上对他们采取启发式的教学方法，也要鼓励他们自己去发现规律，总结规律，也就是要让他们使用发现法。这样引导他们的效果会大大提高，也能够让学生加深印象，让学生更好地掌握汉语语序。

所谓发现法，指的是教师在讲授某个语法点时，先做一些铺垫，然后启发学生自己去发现和归纳最终规律性的东西，教师再予以评点。这样，学生学习起来会比较有兴趣，在自己总结和归纳的过程中也会有成就感，这些积极的因素都会让学生更为牢靠地掌握知识，从而形成汉语思维的语言习惯，掌握语言技能。

2. 采用对比教学

对比分析是应用性的对比研究，特指外语教学中对语言难点进行分析的一种方法，即运用语言对比的方法来预测哪些语言现象会在外语学习中给学生造成困难，困难的程度如何。对比分析在外语教学上的作用，主要是通过母语和目的语的对比，找出它们之间的异同，总结出母语对目的语的干扰的规律，预测和解释学习者的难点与偏误。

西语学生之所以产生偏误，主要就是因为母语的负迁移和语内的负迁移，因此在教学过程中教师更应该注意分析两种语言的不同，进行系统化和准确的对比，这样一来，学生会很直观地了解两者的不同，自己也可以分析出汉语的特点以及使用时候的规律。

（二）针对不同偏误进行教学

1. 针对主谓结构中语序偏误的教学对策

对于初学汉语的西语学生来说，最重要的一个过程莫过于理解和熟练汉语的表达顺序。在西班牙语中，主语、谓语和各个补语的顺序都十分不固定，而汉语与此完全不同。在学习的初级阶段，由于学生对汉语的表达方式还不是很适应，往往会根据西语逐字逐词按顺序翻译，从而造成各种语序偏误。所以最重要的就是要规范他们的汉语语序习惯。

在日常交际和学习的练习中，毋庸置疑的是要及时纠正偏误，可是做到这点也是远远不够的。所以本研究有如下设想。

可以在平时的教学过程中加一个造句的游戏，将课堂上的学生分为三组，每个人发一个小卡片，第一组的学生在卡片上写可以作句子主语的人物，第二组的学生写一个谓语动词，第三组的学生写上一个名词。然后收上卡片，让学生在各自组的卡片里随机抽一张，让他尽可能快地把这三个词组成一句话，分享给大家。因为是随意搭配，所以可能会产生许多有趣味性的搭配，这样也能引发学生的兴趣。同时有些名词还可以做相应的扩充，这样可以让大家在组织句子的时候掌握更多词汇，可谓一举多得。

上面我们也说过，西语中有这样的情况，就是直接宾语轻读代词或者间接宾语轻读代词提前到动词之前，这样的情况在翻译时也容易产生偏误，而解决这一个问题的方法也相对简单，可以先让学生还原句子，然后再一一对应地翻译。比如：

El profesor Liu te enseña el chino. → El profesor Wang enseña a ti el chino.

王老师你教汉语。（ × ）　　　　→王老师教你汉语。（ × ）

对于初学汉语的西语学生，最重要的不是教会他们词语的意思和用法，更要让他们认识汉语的规则，要学会理清汉语句子的结构和顺序，这样才能在翻译中减少相应的语序偏误。

2. 针对定语＋中心语结构中语序偏误的教学对策

无论是汉语还是西班牙语，能够作定语的词都有很多，但是使用的顺序却是相反的。在运用“定语＋中心语”这一结构的过程中，西语学生往往由于受到母语负迁移的影响，直接按照西语的顺序进行表达，这样造成了许多语序的偏误。要解决这一问题，需要做到以下几点。

第一，在教学的过程中首要的问题就是要向学生强调语言习惯。因为西班牙语相对于汉语的表达十分自由，形容词作定语的时候，形容词可前可后，而且大部分是放在名词的后面。但是汉语的表达顺序是很严格的，一般来说形容词都是放在名词的前面。所以在教学中最首要也是最重要的就是要纠正学生的语言习惯问题。

第二，西语中有个和汉语中的“的”意思相近的词——“de”，这个结构往往是初学者的重点和难点。“de”和“的”在名词作定语中都表示领属关系，但是所属的关系是相反的。学生经常会按照西班牙语的语序翻译，没有考虑到汉语的这个结构中哪一个才是中心词，所以常常会出现类似“衣服的姐姐”“作业的老师”这样的偏误。在处理这类偏误方面，首先要在教学中重点强调中心语的概念，要不断提醒学生应当先翻译“de”后面的内容。此外还可以在课堂上准备一些卡片，写下一些名词和人称代词，再根据西班牙语中“de”的结构按照错误的汉语语序贴在黑板上，让学生上台进行纠正，并且还可以用图示直观的方式表现两种语言结构上的不同。例如：

① manzana de hermana menor.　　苹果的妹妹（ × ）

妹妹 的 苹果

第三，在多重名词定语结构中，或者多类型的定语结构中，学生也会出现许多语序偏误。这时应当要求他们先将“定语 + 中心语”的成分单独拿出来分析，进行正确翻译后再将他们放回句子中进行理解。这个时候，找出这一结构中的中心语是最重要的。例如：

② Tenemos la clase de la geografia turistica del mundo el año pasodo.

去年我们有课程世界的旅游地理。（ × ）

去年我们有世界旅游地理的课程。（ √ ）

这个句子中，在“la clade de la geografia turistica del mundo”中，学生会以为中心语是“la geografia”，这是因为他们没有看完整这一部分的结构。其中“turistica”是修饰“la geografia”的形容词定语，可以翻译为旅游地理；而“elmundo”是作为名词修饰“la geografia turistica”，可以翻译为世界旅游地理，所以在“la clade de la geografia turistica del mundo”这一结构中，“geografia 是中心语。但是从句子的整体看，“la clade de la geografia turistica del mundo”这一结构又是作为名词来修饰“la clase”的定语，所以应该是“laclase”，可以翻译为“世界旅游地理的课程”。如果学生不能看清句子结构，不能清晰地划分句子成分，翻译就会出现各种错误的答案。由此可见，要想让学生掌握“定语 + 中心语”结构的正确用法，让他们学会分析句子结构是最重要的。

3. 针对状语结构中语序偏误的教学对策

不同于汉语的是，西班牙语习惯将句子主要的成分也就是主谓宾先表达出来，再说句子的谓语动词，这和汉语的思维顺序是相反的。

给外国人讲汉语语法，不能就事论事，只讲汉语本身。因为外国学生的头脑中早已先入为主地有了其母语的语法规律，他们会时时拿出来比较。只有将两种语言都拿出来作语际对比，比较两种语言的不同点，才能更加显露汉语语法的特点。只有突出汉语语法的特点并讲透，外国学生才容易理解。所以，针对偏误的语法教学更加不应该让学生一味地死记规律或者语序，这样的成效也不会明显。特别是在状语结构中，因为一个句子有了状语时，句子相对来讲就变得比较长了，结构相对也比较复杂了，这时更加需要频繁的练习，比如可以让学生做一些词语组合成句的练习。例如：

①在 咖啡厅 他 咖啡 喝

②水果 有 那个 很多 商店 每天

③没有 去年 校园 附近 商店 手机

像这样的练习，能够让学生在排列句子各个成分的过程中慢慢领悟汉语语序的表达特点，使其同时还能记住许多单词，也不失为一个简单有效的方法。

参考文献

[1] 车慧 . 对外汉语语法教学原则及教学策略探讨 [J]. 黑龙江教师发展学院学报，2022，41（12）：45 — 47.

[2] 任春娇 . 大学教学中现代汉语语法教学对策分析——评《现代汉语语法词汇研究》[J]. 科技管理研究，2022，42（06）：248 — 249.

[3] 施春宏，陈振艳，刘科拉 . 二语教学语法的语境观及相关教学策略——基于三一语法的思考 [J]. 语言教学与研究，2021（05）：1 — 16.

[4] 杨丹 . 古代汉语语法教学的多维视阈——评《古代汉语语法讲稿》[J]. 中国教育学刊，2021（04）：115.

[5] 张永芳 . 初中级汉语语法的情境化教学——从认知角度对语法教学的思考 [J]. 国际汉语教学研究，2021（01）：59 — 67.

[6] 曾茜雅 . 图式理论在现代汉语语法教学中的应用探究 [J]. 现代交际，2020（13）：217 — 219.

[7] 刘涵 . 对外汉语语法教学中的文化导入研究 [J]. 文学教育（上），2020（03）：176 — 177.

[8] 应燕平 .“三一”语法体系下趋向动词研究 [J]. 语文建设，2017（29）：79 — 80.

[9] 赵博文，施春宏 . 近年来现代汉语语法研究的若干取向 [J]. 华文教学与研究，2022（03）：9 — 21.

[10] 冯胜利，施春宏 . 论汉语教学中的“三一语法”[J]. 语言科学，2011，10（05）：464 — 472.

[11] 董辰 . 基于“三一语法”的“从 X 到 Y”的对外汉语教学研究 [D]. 浙江：浙江科技学院，2023.

[12] 王秀会 . 基于“三一语法”的趋向补语教学研究 [D]. 绵阳：西南科技大学，2023.

[13] 姜晶芫 . 基于元认知的探究式教学在线上中级汉语语法教学中的行动研究 [D]. 济南：山东财经大学，2023.
[14] 周云飞 . 思维导图用于对外汉语语法教学适用性研究 [D]. 成都：西南交通大学，2021.
[15] 秦婧一 . 汉语语法教学多媒体课件设计策略与运用情况分析 [D]. 大连：大连外国语大学，2020.
[16] 戴永杰 . 赵元任汉语作为外语的语法教学思想与实践 [D]. 上海：上海外国语大学，2020.
[17] 傅婧祎 . 语义指向分析法在对外汉语语法教学中的运用 [D]. 哈尔滨：黑龙江大学，2018.
[18] 奥拉 . 波兰大学汉语语法教学情况调查研究 [D]. 天津：天津师范大学，2017.
[19] 黄玲 . 对外汉语语法教学研究综论 [D]. 武汉：华中科技大学，2013.
[20] 韩序 . 基于象似性理论的初级汉语语法教学研究 [D]. 沈阳：辽宁大学，2013.
[21] 李德津，金德厚 . 汉语语法教学 [M]. 北京：北京语言大学出版社，2009.
[22] 陆方哲，张未然，马晓娟 . 国际汉语语法教学 [M]. 武汉：武汉大学出版社，2017.
[23] 董淑慧 . 认知视野下的对外汉语语法教学以“趋向动词语法化”为例 [M]. 天津：南开大学出版社，2012.
[24] 张旺熹，赵金铭 . 汉语作为第二语言教学的语法与语法教学研究 [M]. 北京：商务印书馆，2019.
[25] 刘玉屏 . 汉语作为第二语言语法教学 [M]. 北京：中央民族大学出版社，2017.
[26] 田然 . 对外汉语教学语篇语法 [M]. 北京：北京语言大学出版社，2013.
[27] 齐沪扬 . 对外汉语教学语法 [M]. 上海：复旦大学出版社，2005.
[28] 邓守信 . 对外汉语教学语法（简体字版）[M]. 北京：北京语言大学出版社，2010.
[29] 孙德金 . 对外汉语语法及语法教学研究 [M]. 北京：商务印书馆，2006.
[30] 吕文华 . 对外汉语教学语法探索 [M]. 北京：语文出版社，1994.